Führer zu archäologischen Denkmälern in Deutschland

Herausgegeben vom
Nordwestdeutschen und dem West- und Süddeutschen
Verband für Altertumsforschung

Band 4

Konrad Theiss Verlag Stuttgart

Landkreis Rotenburg (Wümme)

von
Wolf-Dieter Tempel

Konrad Theiss Verlag Stuttgart

Erscheint gleichzeitig als
Wegweiser zur Vor- und Frühgeschichte Niedersachsens,
Heft 13

CIP-Kurztitelaufnahme der Deutschen Bibliothek

Tempel, Wolf-Dieter:
Landkreis Rotenburg (Wümme) / von Wolf-Dieter
Tempel. – Stuttgart: Theiss, 1984.
(Führer zu archäologischen Denkmälern in
Deutschland; Bd. 4)
ISBN 3-8062-0383-0

NE: GT

Umschlag: Michael Kasack, Esslingen

Umschlagbild: Großsteingrab im Steinfelder Holz bei Steinfeld

© Konrad Theiss Verlag GmbH, Stuttgart 1984
Alle Rechte vorbehalten
ISBN 3-8062-0383-0
Satz und Druck: Gulde-Druck GmbH, Tübingen
Printed in Germany

Dem Andenken an
August Bachmann
(1893—1983)

über ein halbes Jahrhundert
uneigennütziger Sammler und Bewahrer von Altertümern
im alten Kreis Bremervörde

gewidmet
von den deutschen Verbänden
für Altertumsforschung

Vorwort

Nach vierjähriger Tätigkeit als Kreisarchäologe im Landkreis Rotenburg gebe ich mit diesem Führer erstmalig eine knappe Übersicht über die Denkmale und Funde aus vorgeschichtlicher Zeit. Der erste Teil führt in die Hauptprobleme der wichtigsten ur- und frühgeschichtlichen Epochen ein. Dabei war es noch nicht möglich, alle älteren Funde und Unterlagen auszuwerten.

Der zweite Teil beschreibt eine Auswahl der im Gelände noch sichtbaren Denkmäler. Außer vorgeschichtlichen Plätzen fanden auch einige mittelalterliche Wallburgen und Landwehren Aufnahme sowie die Museen und Heimatstuben, soweit sie vorgeschichtliche Funde besitzen. Mit Ausnahme des Steinkistengrabes aus Anderlingen, das sich im Landesmuseum Hannover befindet, können alle beschriebenen Stätten besucht werden. An einem Teil der Plätze sind Erläuterungstafeln aufgestellt, die dem Besucher in Bild und Schrift nähere Erklärungen vermitteln.

Der Band erscheint anläßlich der 62. Jahrestagung des Nordwestdeutschen Verbandes für Altertumsforschung, die vom 24. bis 28. April 1984 in Rotenburg stattfindet. Die Herausgeber widmen ihn dem Andenken des verdienstvollen Heimatpflegers und Museumsleiters August Bachmann (1893–1983). Ohne die Vorarbeiten und Sammlungen August Bachmanns, der den ehemaligen Landkreis Bremervörde mehr als 50 Jahre intensiv betreut hat, wäre mir die Zusammenstellung des Führers nach so kurzer Tätigkeit nicht möglich gewesen. Im früheren Kreis Rotenburg war seit dem Jahre 1962 der Archäologe Dr. Rudolf Dehnke tätig. Ihm sei auch an dieser Stelle für freundschaftlichen Rat und Unterstützung gedankt. Wertvolle Hilfe waren auch die zahlreichen Ausgrabungsberichte des früheren Bezirksarchäologen Dr. Jürgen Deichmüller. Seine hervorragende denkmalpflegerische Betreuung unseres Gebiets wirkt sich bis heute aus.

Für zahlreiche Hinweise und Hilfen bei der Beschaffung von Berichten, Unterlagen und Bildmaterial bin ich auch Frau Dr. Elfriede Bachmann zu Dank verpflichtet. Besonderer Dank gebührt dem Kreistag und der Verwaltung des Landkreises Rotenburg, die ohne gesetzliche Verpflichtung eine Kreisarchäologenstelle einrichteten und damit die Grundlagen für eine kontinuierliche archäologische Denkmalpflege und Forschung schufen. Den Verbänden für Altertumsforschung und dem Konrad Theiss Verlag ist für die Aufnahme des Bandes in die Reihe der Archäologischen Führer zu danken.

Rotenburg, im Februar 1984   Wolf-Dieter Tempel

Inhalt

Zeittafel zur Ur- und Frühgeschichte
für das nördliche Niedersachsen
(nach G. Jacob-Friesen)

		Spätsächsisch-karolingische Zeit
700		
	Nachchristliche Eisenzeit	Völkerwanderungszeit
375		
180		jüngere
		Römische Kaiserzeit
um Chr. Geb.		ältere
	vorchristliche (vorrömische) Eisenzeit	Stufe von Seedorf
		Stufe von Ripdorf
500		Stufe von Jastorf b
		a
		Stufe von Wessenstedt (P. VI)
700		
	Bronzezeit	Jüngere Bronzezeit (P. IV–V)
1100		Ältere Bronzezeit (P. II–III)
		Frühe Bronzezeit (P. I)
1600		
	Neolithikum (Jüngere Steinzeit)	Dolchzeit
		Glockenbecherkultur
		Einzelgrabkultur
		Trichterbecherkultur
3000		
4000	Mesolithikum (Mittlere Steinzeit)	
8000		
9000		Ahrensburger Kultur
11000		Federmessergruppen
	Jung-Paläolithikum (Ältere Steinzeit)	Hamburger Kultur
35000		
	Mittel-	
70000		

12

Die Ur- und Frühgeschichtsforschung
im Kreis Rotenburg

Mit dem verstärkten Interesse an der Geschichte in der Zeit des Humanismus und der Renaissance fanden zunächst die Denkmäler und Bodenfunde der klassischen Antike stärkeres wissenschaftliches Interesse. Seit dem 16. Jahrhundert wurde aber auch vereinzelt in Nord- und Mitteleuropa vorgeschichtlichen Gräbern und Funden Beachtung geschenkt. So erwähnt Wilhelm Dilich (Dilichius) in seiner Beschreibung und Chronik der Stadt Bremen und ihrer Umgebung aus dem Jahre 1604 auch die Monumenta giganteum, wie die Steingräber im lateinisch verfaßten Text heißen. Er hält sie für Denkmäler der Chauken, die nach Tacitus einstmals hier ihre Wohnsitze hatten.

Vom 18. Jahrhundert an bringt man die Altertümer überall mit der Frühgeschichte der Völker und Staaten in Verbindung. Die großen Denker wie Herder und Rousseau beschäftigen sich bereits mit Grundfragen der Herkunft und Kulturentwicklung der Menschheit schlechthin.

Bis zur Mitte des 19. Jahrhunderts gab es jedoch noch keine eigentlichen Vorgeschichtsforscher, sondern gelehrte Männer verschiedener Berufe, die sich vielseitig für naturwissenschaftliche Forschungen aller Art, aber auch für die Geschichte, die Kunst, die Länder- und Völkerkunde interessierten. Zu ihnen müssen wir auch den Amtmann zu Ottersberg, Justus Johann Kelp (1650–1720) zählen, der bereits ein Steingrab bei Steinfeld als Grabmal heidnischer Vorfahren ansah. Sein Forschergeist drängte ihn, die Anlage näher zu untersuchen. Justus Johann Kelp war somit der erste Urgeschichtsforscher, der Ende des 17. Jahrhunderts im Landkreis tätig wurde, auch wenn er seine Forschungen schnell wieder abbrechen mußte. Trotz Gelehrsamkeit war der Amtmann noch dem mittelalterlichen Denken verhaftet. Denn gleich in der ersten Nacht nach Beginn seiner Ausgrabung »hätten des nachts vor seynem bette sich drey Männer praesentiert, deren einer Einäugig und untereinander eine unbekannte Sprache geredet, drauff sie sich zuletzt mit einem bedrohenden Blick zu ihm wenden und sagen: Sie wären vor ihr Vaterland als Helden gestorben, würde er verfolgen, sie zu beunruhigen, sollte er hinführ weder stern noch glück haben«.

Das nötigte unseren Amtmann, sein Unternehmen unverzüglich abzubrechen. Den Bericht darüber lesen wir in dem Werk des Geistlichen Martin Mushard (1699–1770), der nun tatsächlich die Forschung in unserer Landschaft einleitete. Zu seinem 25jährigen Dienstjubiläum als Pastor zu Geestendorf beendete Mushard ein umfangreiches Buch über seine Untersuchung vorgeschichtlicher Stätten:

»Palaeo Gentilismus Bremensis

oder

Ehemaliges Bremisches Heidentum, worinnen von dem Götzendienst der alten bremischen Einwohner, von ihren monumentis Lapideis oder Opferstädten und was darunter befindlich gehandelt wird . . . Auch die zu Ohrenst (Ohrensen) und Zum Steinfelde (Steinfeld) entdeckte Antiquitäten mit denen der Römer sorgfältig verglichen werden.«

Mushards Arbeit ist seinerzeit nicht mehr gedruckt worden. Das Manuskript gelangte in die Oldenburgische Staatsbibliothek, wurde verschiedentlich zitiert und schließlich vom Provinzialmuseum Hannover im Jahre 1928 vollständig veröffentlicht. Sein Hauptinteresse galt den Urnengräbern und den darin befindlichen Grabbeigaben. Die Beschreibungen zeugen von einer genauen Beobachtungsgabe, die es uns ermöglicht, z. B. den damals zerstörten Urnenfriedhof östlich von Steinfeld nach Typ und Zeitstellung einzuordnen. Mushards Abfassung beabsichtigt nicht nur die schlichte Wiedergabe der gefundenen und beobachteten Altertümer, sondern auch ihre historische Ausdeutung. Die monumentes lapideis (Steingräber) hielt Martin Mushard allerdings noch für heidnische Opferaltäre, obwohl andere Forscher sie bereits als Grabmale erkannt hatten. Lange Zeit nach Mushard finden wir keinen Forscher in unserer Landschaft, der sich in gleicher Weise und ebenso intensiv mit der Vorgeschichte befaßt hat.

Mit dem großen Aufschwung, den die Ur- oder Vorgeschichtsforschung im Zeitalter der Romantik und des wachsenden Nationalbewußtseins im 19. Jahrhundert nahm, setzten auch die ersten Bemühungen ein, den Bestand der Denkmäler systematisch zu erfassen und zu ordnen.

Der hannoversche Forstrat Johann Karl Wächter (1773–1846) richtete Anfang des 19. Jahrhunderts eine Umfrage nach vorzeitlichen Denkmalen an alle Ämter und Förster des Königreichs Hannover. Das Ergebnis war eine beachtliche, wenn auch keineswegs annähernd vollständige Erfassung der Steingräber und großen Grabhügel. Je nach Eifer und Kenntnissen der Gewährsleute waren die Angaben mehr oder weniger umfangreich. Aus den Ämtern des heutigen Landkreises Rotenburg gelangten K. Wächter 20 Steingräber, 114 Grabhügel und das Hügelgräberfeld von Badenstedt zur Kenntnis.

Im Jahre 1841 erschien das Werk als »Statistik der im Königreiche Hannover vorhandenen heidnischen Denkmäler« im Druck. Wächter hielt es weiterhin für wünschenswert, einen vollständigen Atlas, mindestens der Steingräber, zu schaffen. Gerade im Hinblick auf die historische Auswertung wünschte das auch der Weltreisende und Stadtbibliothekar zu Bremen, Johann Georg Kohl (1808–1878), wenn er beim Betrachten eines Steingrabes im Jahre 1863 folgende Sätze vermerkt:

»Beides, sowohl die noch existierende große Anzahl dieser Monumente als auch ihr zunehmendes Verschwinden, macht die Sache einer fortwährenden Aufmerksamkeit wert. Eine vollständige Statistik derselben in Norddeutschland und eine übersichtliche Karte über ihre Verteilung, ihre Gruppen und markantesten Fundplätze, wäre wohl eines der interessantesten – freilich auch schwierigsten – Werke, mit dem ein norddeutscher Antiquar unsere Geschichtsforschung beschenken könnte.«

Forscherinteresse und denkmalpflegerisches Bemühen um die Erhaltung der damals schon im Verschwinden begriffenen Denkmale waren seit Wächters Zeit miteinander gepaart. Als auf Betreiben des historischen Vereins für Niedersachsen seit 1851 einzelne Denkmale von der königlichen Regierung angekauft wurden, blieben die wenigen Steingräber unseres Raumes unberücksichtigt. Nach der Einverleibung Hannovers in den preußischen Staat begann der Provinzialkonservator Reimers, ein neues Verzeichnis vorzubereiten, das schließlich von J. Müller fertiggestellt und gedruckt wurde: Die Alterthümer der Provinz Hannover (1893). Die Verfasser hatten die Mehrzahl der in ihrem Werk genannten Denkmale nicht persönlich in Augenschein genommen. Teilweise sind die Hügelgräber nur nach den Eintragungen im topographischen Kartenwerk des Kurfürstentums Hannover erstellt. Natürlich wurde die Statistik Wächters benutzt und weitere Einzelhinweise zugetragen. Im Jahre 1895 begann dann die erste Registrierung. Die Landratsämter wurden angewiesen, das Verzeichnis jeweils für ihr Gebiet zu kontrollieren und zu ergänzen. Wie viele Grabhügel schon vor dieser Zeit zerstört worden sind, läßt sich nicht abschätzen. Bei den Steingräbern, die seit Jahrzehnten als Baumaterial Verwendung fanden, betrug der nachweisbare Verlust damals bereits schon mindestens 90 Prozent. Von den in den Regierungsinventaren Anfang des Jahrhunderts verzeichneten schützenswerten Grabhügeln sind bis heute noch rund drei Viertel verschwunden.

Die alten Verzeichnisse geben für die ehemaligen Kreise Bremervörde und Rotenburg nur wenige Denkmale an. Von den etwa 75 Steingräbern, die nach den vorwiegend von Bachmann zusammengetragenen Belegen einmal im Kreisgebiet vorhanden waren, sind noch neun als kümmerliche Ruinen erhalten.

Bei den Hügelgräbern mag die Feldmark Tarmstedt als Beispiel für viele andere stehen. Von nachweisbaren 130 Grabhügeln sind heute nur noch 26 vorhanden, davon die Mehrzahl bereits durchwühlt (s. S. 197, Abb. 103). In den Feldmarken mit größerer Bebauung und intensiverer landwirtschaftlicher Nutzung wie z. B. Sottrum oder Zeven ist kein einziger Grabhügel mehr vorhanden.

Unsere Kenntnisse über Bodenfunde und Ausgrabungen setzen im Kreis Rotenburg verhältnismäßig spät ein. Von einzelnen Funden, die im 19. Jahrhundert in die Sammlungen des Provinzialmuseums, der Staatlichen preußischen Museen oder die des Stader

16

Geschichts- und Heimatvereins gelangten, sowie später in verschiedenen Privatsammlungen und Schulen vorhanden waren, sind genaue Angaben über den Fundort oder die Fundzusammenhänge meist nicht bekannt.

Die ersten Anfänge der modernen Vorgeschichtsforschung sind mit zwei Männern verbunden, die von ganz unterschiedlicher Mentalität und Wirkungsweise die Grundlagen für alle weiteren Forschungen gelegt haben. Es sind die Sammler und ehrenamtlichen Bodendenkmalpfleger Hans Müller-Brauel in Zeven und August Bachmann in Bremervörde.

Johannes Hinrich Müller (1867–1940), der sich später Hans Müller-Brauel nannte (Abb. 1), begann als Schüler, Steine und Altertümer aller Art zu sammeln. Das führte ihn nach Beendigung einer Tischlerlehre auch in die Museen. So fand er gleich nach der Lehre eine Anstellung als Hilfskraft im Hamburger Vorgeschichtsmuseum. Hier lernte er die historische Zeitstellung seiner Funde kennen, die richtige Art sie zu präparieren, zu restaurieren und zu ordnen. Er nahm an Ausgrabungen teil und lernte zeichnen, fotografieren sowie richtige deutsche Grammatik und Ausdrucksformen. Museumsleiter Gymnasialprofessor Dr. Rautenberg vermittelte Hans Müller kostenlosen Unterricht an der Gewerbeschule im Modellieren und Zink-Ätzen. Abends lernte er noch Englisch. Nach dieser Grundausbildung vermittelte Rautenberg seinen jungen Mitarbeiter auf dessen Wunsch an das Provinzialmuseum nach Hannover, wo er dieselben technischen Arbeiten wie in Hamburg auszuführen hatte. Im Auftrage des Provinzialmuseums, unter dem Archäologen Friedrich Tewes, nahm Hans Müller mehrere selbständige Ausgrabungen – u. a. auch in seiner engsten Heimat, in Boitzen und Twistenbostel – vor. Nach dem Militärdienst arbeitete er wieder drei Jahre am Hamburger und zwei Jahre am Bremer Museum. Während eines Urlaubs untersuchte er den größten Grabhügel in der näheren Heimat, den »Hexenberg« bei Offensen. Auch im Auftrage der Museen führte er Ausgrabungen durch, kaufte Funde auf und bekam Kontakt zu allen an der Heimatforschung interessierten Persönlichkeiten des Elbe-Weser-Raums. Hans Müller-Brauel gewann freundschaftliche Verbindung mit

Hermann Allmers, den Worpsweder Malern und vielen vor allem niedersächsischen Schriftstellern. Er schrieb selbst Gedichte und gab 1898 ein »Hannoversches Dichterbuch« mit heimatlicher Dichtung zeitgenössischer Dichter heraus, das der Worpsweder Maler Heinrich Vogeler illustriert hatte. Schon 1897 hatte er eine eigene Zeitschrift »Neue Bremer Monatshefte« begründet und zeitweilig in der Redaktion und Druckerei der Böhme-Zeitung (Soltau) gearbeitet. Seine Leidenschaft war jedoch die Vorgeschichtsforschung. Aufgrund seiner Ausbildung konnte er in den Museen nur als schlecht bezahlte Hilfskraft angestellt werden. So machte er sich selbständig und erwarb im Alter von 33 Jahren mit Hilfe von Freunden, die ihm Geld liehen, ein Heidegrundstück, auf dem er ein Haus baute und eine kleine Landwirtschaft mit Imkerei betrieb. Darüber hinaus übte er noch verschiedene Nebentätigkeiten aus. In allen Jahren lieferte er zahlreiche Artikel an verschiedene Zeitungen und Zeitschriften.

Als nach 1918 die Kultivierung der Heideflächen in großem Umfang einsetzte, fielen auch zahlreiche Grabhügel und Urnenfriedhöfe dem Dampfpflug zum Opfer. Damit begann Müller-Brauel eine unermüdliche und leidenschaftliche Ausgrabungs- und Sammeltätigkeit. Er ließ in der Zevener Zeitung bekanntmachen, daß man ihn bei Bodenfunden rufen sollte. Das geschah auch in reichlichem Maße. Verschiedentlich gab es Schwierigkeiten mit dem Provinzialmuseum in Hannover, seit nach Erlaß des Preußischen Ausgrabungsgesetzes von 1914 alle Ausgrabungen genehmigungspflichtig und Bodenfunde meldepflichtig waren. Erst die Herausgabe der Ausführungsbestimmungen zum Ausgrabungsgesetz im Jahre 1924 schuf klarere Verhältnisse. Auf Vorschlag des Landesarchäologen wurde Hans Müller-Brauel zum Pfleger für die kulturgeschichtlichen Bodenaltertümer im Landkreis Zeven bestellt.

Aus wirtschaftlicher Not verkaufte er 1927 seine reiche Sammlung an das Morgenstern-Museum in Wesermünde, jetzt Bremerhaven. Dafür erhielt er eine Abfindung und eine jährliche Rente. 1928 zog ihn Ludwig Roselius heran, um das Väterkunde-Museum in der Böttcherstraße, Bremen, einzurichten und die dazu erforderlichen Ankäufe zu tätigen. Diese Arbeit nahm ihn bis an sein Lebensende voll in Anspruch, auch wenn er zunächst noch weiterhin Pfleger für den Landkreis Zeven war.

Er hat nicht mehr erlebt, daß seine gesamte Sammlung mit den Beständen des Morgenstern-Museums den Kriegswirren des Zweiten Weltkrieges zum Opfer fiel. Auch ein Buchmanuskript mit 200 Abbildungen über »Die Schnurkeramiker in unserer nordwestdeutschen Heimat«, in dem er seine gesamten jungsteinzeitlichen Grabhügel-Untersuchungen vorgelegt hatte, ist seit Kriegsende in Berlin verschollen.

Ob alle seine Ausgrabungen nur Notuntersuchungen gefährdeter Denkmale und Fundplätze waren, wie Müller-Brauel immer betonte, oder auch von seinem Forschungsdrang bestimmt wurden, wollen wir heute nicht mehr untersuchen. Über alle bedeutenden

Abb. 1   Hans Müller-Brauel um 1935

Funde hat er nach Hannover berichtet und über nahezu sämtliche Funde kurze Berichte in der von ihm herausgegebenen Heimatbeilage der Zevener Zeitung veröffentlicht. Auch gab es topographische Karten mit Eintragung der Fundplätze und Zeichnungen oder Fotos der Fundstücke. Für heutige und auch schon für damalige Begriffe genügten die Zeichnungen der Grabungsfunde leider nicht immer den Ansprüchen des Archäologen. Denn Einzelheiten lassen sich danach nicht mehr überprüfen. Müller-Brauel besaß jedoch die besondere Fähigkeit, jeweils die entscheidenden Befunde zu erkennen und hervorzuheben. So verdanken wir ihm nicht nur viele Veröffentlichungen, sondern auch manche Erkenntnis, die die Fachwelt damals noch nicht recht anerkannte, weil die Ausgrabungszeichnungen seine Aussagen nicht eindeutig beweisen konnten. Erst bei Ausgrabungen der letzten Jahrzehnte bestätigten sich Müller-Brauels Beobachtungen. So machte er erstmalig auf die Feststellung aufmerksam, daß unter Grabhügeln reiner weißer Sand ausgestreut war. Mehrfach beobachtete er bereits Holzeinbauten in Grabhügeln der Einzelgrabkultur. Auch wies er schon 1927 auf die Körpergräber in fast allen altsächsischen Urnenfriedhöfen hin. Die heutige Forschung zu den Problemen der Einzelgrabkultur Niedersachsens kann an Müller-Brauels Arbeiten nicht vorbeigehen. Für die Vorgeschichte des Landkreises Rotenburg bilden die vorhandenen Unterlagen eine der wichtigsten Quellen.

Im ältesten Kreisgebiet Bremervörde und ab 1932 auch im ehemaligen Kreis Zeven war August Bachmann (1893–1983) ehrenamtlicher Pfleger für die kulturgeschichtlichen Bodenaltertümer. Von ganz anderer Mentalität als Müller-Brauel arbeitete Bachmann überwiegend in der Stille. Vor allem führte er kaum Ausgrabungen durch, sondern sammelte Zufallsfunde und richtete das Hauptaugenmerk auf Schutz und Bewahrung der Denkmale.

August Bachmann begann schon als Schüler mit dem Sammeln von Pflanzen und Steinen, vor allem der mit den Eiszeitgletschern in unseren Raum gelangten skandinavischen Geschiebe. Seine Geschiebesammlung mit etwa 11 000 Stück gehört heute zu den vollständigsten und bedeutendsten Sammlungen dieser Art in ganz Norddeutschland.

Bald sammelte er auch vorgeschichtliche Funde und Archivalien. Nach der Begegnung mit Professor Sprockhoff, der seit 1926 die Steingräber Niedersachsens systematisch aufnahm, wandte er sich in stärkerem Maße der Vorgeschichtsforschung zu. So wurde er im Jahre 1926 sowohl zum ehrenamtlichen Naturschutzbeauftragten wie Bodendenkmalpfleger bestellt.

Als er schwer verwundet aus dem Ersten Weltkrieg heimkehrte, gab er die Land- und Gastwirtschaft auf, um sich ganz den vielfältigen Aufgaben der Naturkunde und Heimattforschung zu widmen. Seit 1921 veröffentlichte er heimatkundliche Artikel und fand mit einer Arbeit »Geschiebefunde und Geschiebestudien im Regierungsbezirk Stade, besonders in der Umgebung von Bremervörde« (1926) große Beachtung. Jede Gelegenheit der Weiterbildung nahm er wahr, beschaffte sich Fachbücher und hörte Gastvorlesungen der Fächer Botanik, Geologie, Vorgeschichte, Volkskunde und Geschichte.

Mit der Übernahme der Ehrenämter im Jahre 1926 begann der engagierte Heimatforscher, den gesamten damaligen Kreis Bremervörde und später den dazugekommenen Kreisteil Zeven zu befahren und zu begehen, um schutzwürdige Gebiete festzustellen. Seinem persönlichen Einsatz sowie seiner Überzeugungskraft ist es zu verdanken, daß im alten Kreis Bremervörde fünf Naturschutzgebiete, 118 Landschaftsschutzgebiete und 179 einzelne Naturdenkmale gesichert werden konnten. Da es noch keinen wirksamen Kulturdenkmalschutz gab, sind viele ur- und frühgeschichtlichen Denkmale durch Einbeziehung in die Natur- und Landschaftsschutzverordnungen gerettet worden.

Gleichzeitig kartierte Bachmann sämtliche vorgeschichtlichen Denkmale und Fundstellen. Über jedes Hügelgrab und jeden Einzelfund fertigte er Notizen oder Berichte an.

Mit über 4000 Fundplätzen hat August Bachmann den Umfang der amtlichen archäologischen Landesaufnahmen erreicht. Während er für sich persönlich nur einen bescheidenen Aufwand für Haushalt und Lebensunterhalt beanspruchte, steckte er immer wieder erhebliche Geldmittel in Fachbücher und seine Altertumssammlung.

Die Sammlungen Bachmanns füllen heute mehrere Gebäude des

Kreismuseums in Bremervörde. Auch das Kreisarchiv wurde von ihm begründet. Den bedeutendsten Grundstock bilden die von ihm gesammelten und vor der Vernichtung bewahrten schriftlichen Altertümer und Akten der Kreisverwaltung und anderer Dienststellen, Höfeakten, Urkunden, Chroniken u. a. mehr. Aus alten Schriften, Karten, Urkunden, auch in den Staatsarchiven, aber auch durch Befragungen in den Dörfern, konnte Bachmann nicht nur die Flurnamen des gesamten Landkreises lokalisieren, sondern auch ein überaus reiches Material zu Urgeschichte, Geschichte und Volkskunde unserer Dörfer zusammentragen. Für 70 Dorfgemarkungen liegen Ortschroniken aus seiner Feder im Manuskript vor.

Da Müller-Brauels Funde und Berichte weitgehend verloren sind, bilden die Sammlungen und Aufzeichnungen August Bachmanns die bedeutendste und umfangreichste Grundlage für die weitere Vorgeschichtsforschung des Landkreises Rotenburg.

Im ehemaligen Landkreis Rotenburg, dem Südteil des heutigen Kreisgebiets, wirkte anfänglich kein Heimatforscher mit der Leidenschaft eines Müller-Brauel oder Bachmann. Es fand sich auch jahrzehntelang kein ehrenamtlicher Bodendenkmalpfleger. Vielmehr nahm bis 1953 der Pfleger des Kreises Verden diese Aufgaben mit wahr. So gelangten die meisten Bodenfunde aus dem Raum Rotenburg in das Museum Verden. Die zahlreichen Berichte und Fundmeldungen des Kreisbaumeisters Rudolf Biere aus Verden sind daher die Hauptquellen für die Vorgeschichtsforschung im Altkreis Rotenburg. Der Oberkreisdirektor und Vorsitzende des Heimatbundes Rotenburg (Wümme), Helmut Janssen, konnte im Jahre 1959 das Landesmuseum dazu bewegen, hier die archäologische Landesaufnahme durchzuführen.

Dabei entdeckte der Geländetechniker H. J. Killmann so viele teilzerstörte und gefährdete Fundplätze, daß der Heimatbund eine Archäologenstelle einrichtete. Von 1959 bis 1961 hat Dr. Rudolf Grenz zahlreiche Ausgrabungen durchgeführt, von denen die Untersuchung des sächsischen Gräberfeldes auf dem Karkberg bei Unterstedt besondere Erwähnung verdient.

Im Jahre 1962 übernahm Dr. Rudolf Dehnke die Stelle für weitere zehn Jahre. Von seinen umfangreichen Ausgrabungen fanden u. a.

die eines Kulthügels bei Kirchwalsede und die Feuerstellenreihe bei Bötersen weite Beachtung. In den Jahren 1951 bis 1958 haben auch die Dienststellen der niedersächsischen Bodendenkmalpflege zahlreiche Ausgrabungen, meist Rettungsgrabungen im Kreisgebiet, vorgenommen. Darunter ist vor allem die Tätigkeit von Dr. Jürgen Deichmüller hervorzuheben, der nicht nur viele Notausgrabungen durchgeführt hat, sondern auch eine ganz hervorragende Bodendenkmalpflege betrieb. In keinem anderen Bezirk fand so eine intensive und systematische Betreuung der ehrenamtlichen und freiwilligen Mitarbeiter einschließlich der Privatsammler statt. Nur hier waren Hinweise auf die Denkmale an Grundeigentümer und Forstdienststellen in größerem Umfange ergangen. Über sämtliche seiner Ausgrabungen liegen Berichte und Dokumentationen vor, viele davon sind veröffentlicht. Seine denkmalpflegerische Tätigkeit erstreckte sich nicht nur schwerpunktartig, sondern gleichmäßig über alle Teile des von ihm betreuten Regierungsbezirks Stade.

Mit der Schaffung einer Kreisarchäologenstelle beim Großkreis Rotenburg-Bremervörde entstand 1979 die Voraussetzung für eine Fortführung der bisher überwiegend ehrenamtlich geleisteten Arbeit. Auch eine vollberuflich tätige Fachkraft kann nicht auf die Mithilfe der interessierten Laien verzichten. In unserer Zeit, in der die Mehrzahl der Fundplätze durch vielfältige Eingriffe in den Boden immer mehr der Zerstörung anheimfällt, wird auch ein hauptberuflich auf Kreisebene tätiger Archäologe weiterhin dem freiwilligen Helfer und ehrenamtlichen Heimatforscher Raum lassen und vielfach auf dessen Mitarbeit angewiesen sein.

Literatur:
H. Aust, Ein umstrittener Mann, der seiner Zeit voraus war. Niederdeutsches Heimatblatt 185, 1965. – Ders., Allmers fördert Hans Müller-Brauel. Niederdeutsches Heimatblatt 254, 1971. – H. Gummel, Forschungsgeschichte in Deutschland (1938). – G. Körner, Palaeogentilismus Bremensis – Uraltbremisches Heidentum. Führer zu vor- u. frühgeschichtlichen Denkmälern 29. Das Elb-Weser-Dreieck I (1976) S. 1 ff. – M. Mushard, Palaeogentilismus Bremensis. Hrsg. E. Sprockhoff. Jahrbuch d. Provinzialmuseums zu Hannover N. F. 3, 1928, S. 39 ff. – W. D. Tempel, Archäologische Denkmalpflege im Landkreis Rotenburg (W.). Rotenburger Schriften 53, 1980, S. 26 ff. – W. Wegewitz, Hans Müller-Brauel, ein Leben für die Vorgeschichte. Niederdeutsches Heimatblatt 185, 1965.

Naturräumliche Voraussetzungen

Siedlung und Lebensweise vorgeschichtlicher Menschen sind weitgehend von den naturräumlichen Voraussetzungen abhängig. Das heißt: Klima, Landschaft, Boden und Bewuchs setzen zunächst Grenzen. Der Mensch bleibt trotz Anpassung seiner Technik und Wirtschaftsweise von den Naturgegebenheiten abhängig. Unser norddeutsches Flachland wird heute durch drei Landschaftsformen bestimmt: Geest, Moor und Marsch. Der Landkreis Rotenburg besteht im wesentlichen aus einer Geestlandschaft mit Altmoränen. Denn die Gletscher der letzten Eiszeit (Weichsel-Kaltzeit) haben unser Gebiet nicht mehr erreicht. Die meisten Ablagerungen stammen aus der Saale-Kaltzeit, wenige aus der älteren Elster-Kaltzeit. Sie sind an der Oberfläche bedeutend stärker abgetragen als die jüngeren Moränen östlich der Elbe. Als deutlichste Erhebung tritt der von Rotenburg über Oldendorf–Rhade–Zeven–Gnarrenburg–Ebersdorf bis Lamstedt verlaufende Höhenrücken hervor, die Lamstedter Endmoräne, die am Ende der Saale-Kaltzeit (Drenthe-Stadium) abgelagert wurde. Sie ist aus Geschiebelehm, Schmelzwassersanden und Beckenton aufgebaut. Die tiefere Geest besteht überwiegend aus Fließsanden, die von angewehten (äolischen) Ablagerungen bedeckt sind.

Während der letzten Kälteperioden in der Weichsel-Kaltzeit (90 000–10 000 Jahre vor heute) gelangten die Gletscher nur noch bis an die Niederelbe. Doch das damit verbundene kalte Klima ließ auch bei uns keine Vegetation zu. So konnten Wind und Wasser die leichten und kleinen Bestandteile von den Altmoränen abtragen und in den Tälern und Talebenen als Sand, Schluff und Ton ablagern. Im Landkreis Rotenburg waren es überwiegend fluviale Sande, weniger Schluff und Ton.

In weiten Gebieten des Landkreises bedecken Flugsande flächenhaft die weichselkaltzeitlichen Sedimente. Sie sind daher jünger als diese und stammen überwiegend aus den späten Abschnitten der

Eiszeit, doch noch aus der Zeit, in der das kalte Klima noch keine geschlossene Vegetation zuließ. Erst in der Nacheiszeit (Holozän) entwickelte sich wieder eine zunächst spärliche Pflanzendecke. In den Tälern lagerten sich noch anfänglich Sand oder Lehm ab, während auf den Ufern der Flußniederungen, vor allem an den Ostseiten, Dünen aufgeweht wurden. Der durch die Erwärmung bedingte Meeresspiegelanstieg verringerte den Abfluß des Oberflächenwassers. So begann etwa seit 5000 v. Chr. die Entstehung der Moore über den mit Fließsanden verfüllten Tälern und Mulden. Die Moorgebiete östlich Gnarrenburg und das Königsmoor/Ekelmoor zwischen Lauenbrück und Tostedt gehören, wenn sie auch nicht ganz so groß sind wie das Teufelsmoor, doch zu den größten geschlossenen Moorflächen Niedersachsens.

Durch unsere Geestlandschaft verlaufen mehrere Täler nahezu parallel von Südost nach Nordwest. Sie sind mit Schmelzwassersanden verfüllt, über denen sich junge Flußablagerungen befinden (Auelehm). Diese Rinnen, in denen heute die meisten Flüsse verlaufen, entstanden durch die Schmelzwasser unter dem saalezeitlichen Gletscher.

Der Kreis Rotenburg liegt mitten zwischen den beiden Strömen Elbe und Weser, von beiden etwa gleich weit entfernt. Die Ströme als Verbindungs- und Verkehrswege sorgten zu allen Perioden der menschlichen Ur- und Frühgeschichte für vielerlei kulturelle Einflüsse in das gesamte Elbe-Weser-Dreieck. Dagegen bildete die Oste-Niederung mit dem angrenzenden Teufelsmoor vor allem in den feuchten Klimaperioden ein starkes Verkehrshindernis.

Literatur:
H. Chr. Höfle, Die Geologie des Elbe-Weser-Dreiecks. In: Führer zu vor- und frühgeschichtlichen Denkmälern 29. Das Elbe-Weser-Dreieck Teil I (1979) S. 30 ff.
Ders., Der Stand der Eiszeitforschung im Landkreis Rotenburg, Rotenburger Schriften 53, 1980, S. 15 ff. – Ders., Geologische Wanderkarte Landkreis Rotenburg (1981).

Altsteinzeit (Paläolithikum)

Als Altsteinzeit bezeichnen wir in Nordwesteuropa die Kulturepoche vom ersten Auftreten des Menschen bis zum Ende unserer Eiszeiten. Sie bildet den weitaus längsten Teil unserer Geschichte, in der der Mensch als Wildbeuter ausschließlich von Jagd, Fischfang und Sammeln von Kleingetier und wildwachsenden Pflanzen lebte (Abb. 2).

Aus den ältesten Abschnitten des Paläolithikums kennen wir nur wenige vereinzelte Funde im gesamten niedersächsischen Flachland. Sie stammen meist aus Erdschichten, die im Laufe der Eiszeiten verlagert oder überlagert worden sind. Ihre zeitliche Einordnung kann daher kaum mit Hilfe der geologischen Straten erfolgen, in die sie eingebettet waren, sondern hauptsächlich durch den typologischen Vergleich.

Aus zwei Kiesgruben im Landkreis stammen Sammelfunde, die möglicherweise altpaläolithisches Alter haben. Schon vor 60 Jahren waren H. Müller-Brauel Feuersteinstücke in zwei Kiesgruben bei Zeven aufgefallen, die ihm Artefakte zu sein schienen. Nach der zurückhaltenden Aufnahme durch die Fachleute seiner Zeit hat Müller-Brauel sie selbst nicht veröffentlicht. J. Andree nahm sie jedoch mit auf. Sie blieben bis heute bewahrt und befinden sich z. T. im Roselius-Museum Worpswede und in den Zevener Heimatstuben (Abb. 3,1–5).

Neuerdings haben mehrere Privatsammler in einer Kiesgrube bei Lengenbostel ebenfalls eine Anhäufung ähnlicher Funde beobachtet (Abb. 3,6+7). Sie zeigen scharfkantigere Schlagspuren. Nicht nur die Stücke selbst, auch ihre Anhäufung an nur drei Fundstellen sprechen für den Artefaktcharakter. Typologisch lassen sich die Funde dieser Plätze nicht einordnen, da ihre Anzahl noch zu klein ist, und kennzeichnende Leitformen fehlen.

Neben einzelnen Faustkeilfunden aus den Nachbarkreisen Harburg, Soltau-Fallingbostel und Verden stammt auch ein Fund aus dem Landkreis Rotenburg, der 1954 in einer Lehmgrube unweit

Geologische Gliederung		Jahrtausende vor heute	Archäologische Gliederung			Funde in Norddeutschland	Fossile Menschenfunde in Europa
Jungpleistozän	Weichsel-Kaltzeiten 2 u. 3 / Warme Zwischenzeit / Weichsel-Kaltzeit 1	10	Jungpaläolithikum	Madeleine-Stufe, Solutré-Stufe, Aurignac-Stufe		Hamburger Stufe, Meiendorf, Funde v. Gronau	Jetztmensch (Homo sapiens) der letzten Kaltzeit
	Letzte Warmzeit (Eem-Interglazial)	90 / 100	Mittelpaläolithikum	Hoch- und Spät-Moustérien-Stufe, Alt-Moustérien-Stufe, Obere Acheuléen-Stufe		Funde v. Salzgitter-Lebenstedt, Lanze von Lehringen	Neandertalmensch (Homo neandertalensis), Vor-Jetztmensch von Fontéchevade, Frankr. Vor-Neandertaler v. Ehringsdorf, Weimar
Mittelpleistozän	Saale-Kaltzeit	215		Mittlere Acheuléen-Stufe		Leinetal-Funde, Faustkeil von Stolzenau?	Vor-Jetztmensch (Homo präsapiens) von Steinheim u. von Swanscombe, England
	Vorletzte Warmzeit (Holstein-Interglazial)	230	Altpaläolithikum	Untere Acheuléen-Stufe		Faustkeil von Scheeßel?, Funde der Altonaer Stufe	
Altpleistozän	Elster-Kaltzeit	300		Abbeville-Stufe			
	Erste Warmzeit (1. Interglazial)	330		Älteste Kulturen?		Morsum-Gruppe	Frühmensch (Homo heidelbergensis) von Mauer bei Heidelberg
	Baltische Kaltzeit?	600					

Altsteinzeit = Paläolithikum

Abb. 2 Gliederung des Eiszeitalters

27

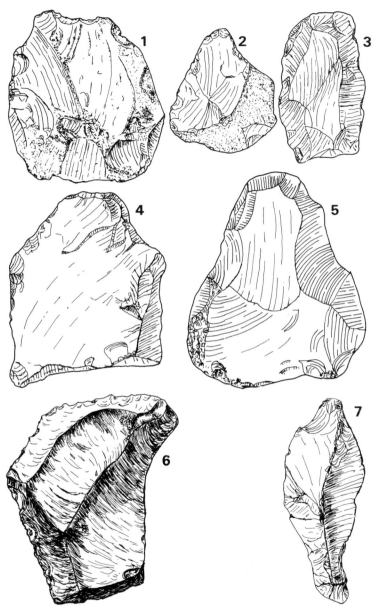

Abb. 3   Feuersteinfunde, nicht sicher paläolithische Artefakte. 1–5 aus Zeven, 6+7
aus Lengenbostel. – M = 1 : 2

des linken Wümmeufers am Nordrand des Ortes Scheeßel zutage kam (Abb. 4). Der Faustkeil ist aus einem vulkanischen Gestein, Diabas, angefertigt worden. Es handelt sich um einen rötlichen Fruallids-Diabas, der mit den eiszeitlichen Geschieben aus Südschweden in unseren Raum gelangt ist. In der Härte steht er dem üblicherweise verwendeten Feuerstein nicht viel nach. Das mag die Benutzung des ungewöhnlichen Materials erklären. Ausgangsmaterial war ein flacher Geschiebestein, dessen Kanten beim Transport unter dem Gletscher abgerundet worden waren. An der einen Breitseite blieben Teile der alten Oberfläche erhalten. Die Zuarbeitung schuf einen sehr dicken, ungleichseitigen und mandel- bis herzförmigen Faustkeil mit schräger Handhabe an seinem dicken Ende. Die Länge beträgt 17 cm, die größte Breite 9,5 cm, die größte Dicke 6 cm, das Gewicht rund 700 g.

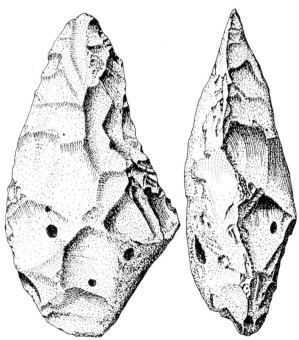

Abb. 4   Faustkeil aus Scheeßel. – M = 1 : 2 (nach R. Dehnke)

An der Fundstelle in der Gemeindelehmgrube sollen noch weitere kleine geschlagene Steine des gleichen Materials gelegen haben, die leider nicht erhalten sind. Auch ließ sich bei der späteren Untersuchung die Fundschicht nicht wiederfinden und damit auch nicht geologisch datieren. Nach typologischen Merkmalen hat R. Dehnke das Gerät mit französischen Faustkeilen der Stufe von Abbeville verglichen. Eine sorgfältige Oberflächenbearbeitung, wie sie für die Feuersteinfaustkeile der Jungacheuléen- und Moustérienstufe typisch ist, war möglicherweise bei diesem Stein nicht so exakt vorzunehmen. Ein sehr ähnlicher Feuerstein-Faustkeil aus Stolzenau, Kreis Nienburg, zeigt jedoch dieselben Bearbeitungsmerkmale wie unser Scheeßeler Stück.

Funde aus dem Abbevillien würden nach der französischen Schichtenfolge bereits aus der ersten Warmzeit, die etwa 300000 Jahre v. Chr. endete, stammen. Da jedoch sämtliche anderen altsteinzeitlichen Funde in Norddeutschland dem Jungacheuléen oder Moustérien zugeordnet werden können, und ältere Funde allein wegen der Ablagerungen der letzten Kaltzeiten nicht zu erwarten sind, haben sowohl H. Schwabedissen als Bearbeiter des Stolzenauer Faustkeils wie auch R. Dehnke in der Veröffentlichung unseres Scheeßeler Fundes keine feste Einordnung vornehmen wollen. Weil Fundzusammenhänge nicht bekannt sind und vergleichbare Geräte fehlen, läßt sich nicht eindeutig feststellen, ob die typischen Merkmale der Abbeville-Stufe Frankreichs hier genausoalt sind oder noch in späterer Zeit vorkommen können. Wenn Schwabedissen für das Einzelstück aus Stolzenau deshalb nur den langen Zeitraum zwischen Abbeville- und Jungacheuléen-Stufe angibt, weist Dehnke darauf hin, daß nun ein zweiter Fund doch für einen Typ sprechen könnte. Unser Faustkeil sei vielleicht doch älter als jungacheuléenzeitlich. Beide Stücke könnten »spätestens bis zum Ausgang des Mittelacheuléen oder bis zum Ende der vorletzten Zwischeneiszeit – angefertigt und dann an den Anfang der Reihe mitteleuropäischer Faustkeile zu setzen sein . . .«.

Die Acheuléen-Kultur gehört nach den Befunden anderer Landschaften in die Phase vom Ende der Elster-Kaltzeit bis über die Saale-Kaltzeit hinaus. Die obere Acheuléen-Stufe liegt in der dritten Warmzeit zwischen Saale- und Weichsel-Kaltzeit. Neue Datierungen des Fundplatzes Salzgitter-Lebenstedt, an dem sich auch noch Geräte des Jungacheuléen fanden, deuten auf Fortbestehen des Acheuléen bis in die Weichsel-Kaltzeit. Es kommt allerdings nur ein früher Abschnitt der Weichsel-Kaltzeit in Frage, in dem die Gletscher noch nicht ihre größte Ausdehnung erreicht hatten. Denn bald wirkte sich die Kälte auch bis in unser Gebiet so aus, daß die Vegetation verschwand und auch der Aufenthalt menschlicher Jäger nicht mehr möglich war.

So fehlen in unserem Raum auch Funde aus dem mittleren Jungpaläolithikum. Erst mit dem langsamen Zurückgehen der Gletscher der letzten Kaltzeit entstand wieder ein schwacher Pflanzenwuchs. Das Ende der Weichsel-Kaltzeit ist kein zeitlich fixierbarer Vorgang. Mehrere Erwärmungsperioden und Kälterückgänge kennzeichnen die letzten Phasen der Altsteinzeit. Aus dem späten Jungpaläolithikum (16000–10000 v. Chr.) und dem Endpaläolithikum (10000–8000 v. Chr.) kennen wir in Norddeutschland zahlreiche Fundplätze. Die Feuersteingeräte sind aus länglichen Abschlägen (Klingen) gefertigt, die wir ihrer Form nach als Messerklingen, Klingenkratzer, Federmesser oder wegen der besonderen Zuarbeitung als Bohrer, Zinken, Spitzen, Stielspitzen usw. bezeichnen. Ausgrabungen vor allem im Raum Hamburg–Ahrensburg zeigten Überlagerungen solcher Fundplätze. Mit Hilfe von Pollenanalysen und Radiocarbon-Datierungen gelang es, verschiedene Geräteformen aufeinanderfolgenden Zeitstufen zuzuordnen (Abb. 5). Es handelt sich jeweils um Rastplätze von Jägergruppen, die am Rande von Seen lagerten. Geweih- und Knochenfunde in den Seeablagerungen bewiesen, daß es sich um Rentierjäger gehandelt hat. Auf dem lediglich in den kurzen Sommermonaten oberflächlich aufgetauten Boden war eine noch waldfreie Tundravegetation entstanden. Hauptsächliches Jagdtier des Menschen war das Ren. Wie die neuzeitlichen Lappen oder Caribu-Eskimos folgten die Nomaden den Rentierherden wohl auf ihren Sommerwanderungen nach Norden und kehrten im Herbst zu geschützten Winterlagerplätzen südlich der Tundrazone zurück. Solche Winterlager befanden sich wahrscheinlich unter Felsvorsprüngen und Höhlen unserer Mittel-

Jahre v. Chr.		Kultur	Klima
8000 10000–	Endpaläolithikum	Ahrensburger Kultur Spät-magdalénien und Federmesser-gruppen	jüngere Dryaszeit (Kälte-rückschlag) Alleröd-schwankung (vorüber-gehende Erwärmung)
10000 16000–	spätes Jungpaläolithikum	Hamburger Kultur	ältere Dryaszeit (kalt) Bölling-schwankung (kurzfristige Erwärmung) älteste Dryaszeit (kalt)
16000 30000–	mittleres Jungpaläolithikum		

Abb. 5   Zeitstufen späteiszeitlicher Rentierjägerkulturen (nach G. Tromnau)

gebirge. Wenn wir im norddeutschen Flachland die Funde der Rentierjäger gehäuft an bestimmten Orten finden, haben wir es vermutlich mit wiederholt oder sogar regelmäßig aufgesuchten Sommerrastplätzen zu tun. Bei den jüngsten Kulturgruppen des Typs Ahrensburg können auch bereits Winterlager in unserem Raum südlich der Elbe gewesen sein. Systematische Ausgrabungen solcher Rastplätze fanden vor allem in Südholstein, aber auch in Deimern und Heber im Kreis Soltau–Fallingbostel statt.

Aus dem Landkreis Rotenburg sind mehrere Fundplätze durch Oberflächenfunde und kleinere Ausgrabungen sowie frühere, weniger systematische Ausgrabungen bekannt. Die Kenntnis der meisten Fundplätze verdanken wir der intensiven Sammeltätigkeit vor allem des Bodendenkmalpflegers A. Bachmann in Bremervörde, des Lehrers H. W. Franke in Bremervörde und des Vermessungsbeamten H. Maack in Zeven. Daher kennen wir aus dem Nordteil des Landkreises Rotenburg weit über 1000 Fundplätze mit Feuersteingeräten. Von der Mehrzahl liegen nur wenige Funde vor, die eine kulturelle Zuordnung noch nicht erlauben. Die größte Menge der bestimmbaren Fundkomplexe gehört der mittleren Steinzeit an.

Hamburger Kultur

Von den Rentierjägerkulturen der Späteiszeit ist die ältere Periode der Hamburger Kultur bisher im Landkreis Rotenburg nicht eindeutig nachgewiesen.

Federmessergruppen

Jünger als die Hamburger Kultur sind die sog. Federmessergruppen. Sie heißen nach dem kennzeichnenden Gerätetyp, kleinen federförmigen Messerklingen. Die Jäger der Federmessergruppen lebten in einer Wärmephase der letzten Kaltzeit, der sog. Alleröd-schwankung. In dieser Zeit wurden neben den Rentieren, die im Sommer nach Skandinavien wanderten, auch Elch und Rothirsch gejagt. Vermutlich blieben die Jäger auch in den Wintermonaten im norddeutschen Raum.

Ahrensburger Kultur

Während des letzten Kälterückschlags herrschte bei uns eine lichte Baumtundra. In der Zeit von etwa 9000 bis 8000 v. Chr. lebten hier die letzten Rentierjäger der Ahrensburger Kultur. Ihre Lagerplätze liegen meist auf sandigen Anhöhen in der Nähe kleiner Seen und Bäche. Die Feuersteingeräte unterscheiden sich deutlich von denen der Hamburger Kultur und der Federmessergruppen. Leitfunde sind kleine Stielspitzen, die nach erhaltenen Holzfunden von Ahrensburg–Stellmoor als Pfeilspitzen geschäftet waren. Bei den Zonhovenspitzen handelt es sich um kurze Klingen, die am oberen Ende abgeschrägt und retuschiert sind. Sie dienten vermutlich als Einsätze in Harpunen oder Fischspeeren. Ferner kommen schlanke Klingenkratzer ohne Randretusche, kurze Kratzer und Stichel vor (Abb. 6).

Im Kreisteil Bremervörde hat H. Müller-Brauel schon im Jahre 1909 einen Fundplatz bei Lavenstedt entdeckt und als altsteinzeitliche Kulturgruppe erkannt. Die von ihm geprägte Bezeichnung »Lavenstedter Kultur« wurde zunächst verschiedentlich verwendet, bis sich der Begriff »Ahrensburger Kultur« durchsetzte. Die im namengebenden Fundplatz Stellmoor bei Ahrensburg ausgegrabenen Geräte aus organischem Material wie Rengeweihbeile, Geweihharpunen und zusammengesetzte Holzpfeile kennen wir aus unserem Raum noch nicht.

Literatur:
J. Andree, Der eiszeitliche Mensch in Deutschland und seine Kulturen (1939), S. 194 ff. – R. Dehnke, Ein Rastplatz der Spätaltsteinzeit und Mittelsteinzeit bei Schwitschen, Krs. Rotenburg. Nachr. aus Nieders. Urgeschichte 33, 1964, S. 66 f. – Ders., Ein Faustkeil von Scheeßel, Krs. Rotenburg. In: R. Dehnke, Neue Funde und Ausgrabungen im Raum Rotenburg (Wümme) 1 (1970) S. 1 ff. – K. Duphorn,

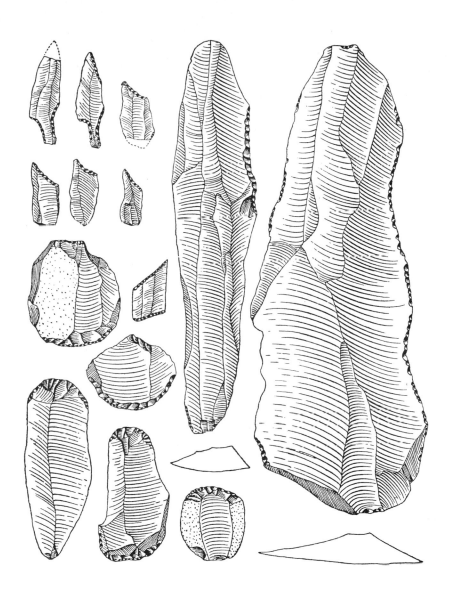

Abb. 6 Feuersteingeräte der Ahrensburger Kultur aus Lavenstedt. – M = 2:3
(nach H. Schwabedissen)

35

Kommt eine neue Eiszeit? Geologische Rundschau 65 (1976) S. 845 ff. – F. W. Franke, Ein Flintplatz aus dem Ahrensburger Kulturkreis in der Feldmark Bremervörde (Grabung 1958). Die Kunde 10 (1959), S. 19 ff. – K. H. Jacob-Friesen, Einführung in Niedersachsens Urgeschichte, T. 1, Steinzeit (1959). – Ders., In: G. Schwantes, Bericht über die Ausstellung »Die mittlere Steinzeit Deutschlands«. Bericht über die 49. Versamml. d. deutschen anthropol. Gesellschaft in Köln 1927 (1928) S. 124 – H. Müller-Brauel, Die altsteinzeitliche Fundstelle von Lavenstedt, Krs. Bremervörde. Tagungsbericht d. deutschen anthropol. Gesellschaft. Bericht über die 50. Versamml. 1928 (1929) S. 101 ff. – A. Rust, Vor 20000 Jahren – Rentierjäger der Eiszeit (1962). Ders., Urreligiöses Verhalten und Opferbrauchtum des eiszeitlichen Homo sapiens (1974). – H. Schwabedissen, Die Hamburger Stufe im nordwestlichen Deutschland. Offa 2 (1937) S. 1 ff. – Ders., Die Federmessergruppen des nordwesteuropäischen Flachlandes (1954). – Ders., Zur Verbreitung der Faustkeile in Mitteleuropa. In: Frühe Menschheit und Umwelt, T. 1 Archäologischer Beiträge. Fundamenta Reihe A, Bd. 2 (1970). – Ders., Das Alter der Federmesser-Zivilisation aufgrund neuer naturwissenschaftlicher Untersuchungen. Eiszeitalter und Gegenwart 8 (1957) S. 200 ff. – W. Taute, Die Stielspitzengruppen im nördlichen Mitteleuropa. Fundamenta Reihe A, Bd. 5 (1968). – G. Tromnau, Rentierjäger der Späteiszeit in Norddeutschland. Wegweiser zur Vor- und Frühgeschichte Niedersachsens 9 (1976).

Mittlere Steinzeit

Die erste nacheiszeitliche Kulturepoche seit etwa 8000 v. Chr. bezeichnen wir als Mesolithikum oder Mittelsteinzeit. Die Tundra wich einem lichten Wald mit Kiefer, Birke und Haselnuß. Später folgten Eiche, Linde, Ulme und Erle sowie die begleitende Strauch- und Krautflora. Jagdtiere waren Auerochse, Elch, Wildschwein, Hirsch und Reh. Entsprechend muß sich die Lebens- und Wirtschaftsweise des Menschen geändert haben. Neben der Jagd spielte weiterhin der Fischfang eine große Rolle. Viel Sammelfrüchte – vor allem die Haselnuß – waren dazugekommen.

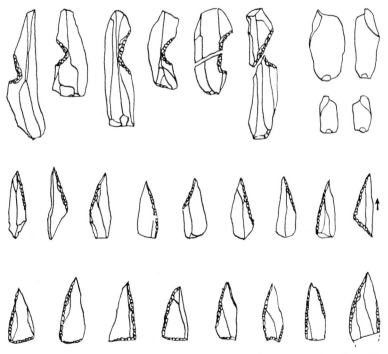

Abb. 7 Mittelsteinzeitliche Kleinstgeräte aus Minstedt. – M = 4:5 (nach H. W. Franke)

Das Steingeräte-Inventar (Abb. 7) zeigt neben Klingen und Schabern völlig neue Formen. Häufigste Funde sind sehr kleine Geräte bzw. Geräteteile, die sog. Mikrolithen. Es sind kleine Feuersteinabschläge, die an einer oder mehreren Seiten Retuschen aufweisen. Sie dienten vermutlich überwiegend als Geschoßspitzen oder seitliche Einsätze in Harpunen und Fischspeeren. Trapezförmige Mikrolithen wurden als querschneidige Pfeilgeschosse geschäftet.

Eine weitere Neuerung und vielleicht die bedeutendste Erfindung der Mittelsteinzeit bildet das Steinbeil. Die älteste Form, das Kernbeil, aus einer Feuersteinknolle durch allseitige Abschläge geformt, mit einer geschlagenen, noch nicht geschliffenen Schneide, wurde in Holz oder Geweih geschäftet (Abb. 8,1). Gelegentlich kommen auch Scheibenbeile vor. Sie sind nicht aus einer Knolle, sondern einem großen Flintabschlag gefertigt (Abb. 8,2).

Mit dem Beil war es erstmalig möglich, neben Stangenholz auch kleinere Bäume zu fällen. Das bildete wiederum die Voraussetzung für den Bau stabilerer Hütten, wie sie in Nachbarlandschaften

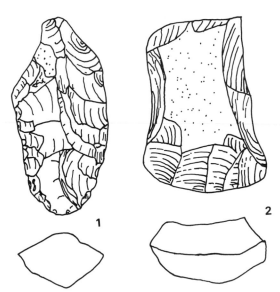

Abb. 8   Mittelsteinzeitliche Beile aus Brüttendorf; 1 Kernbeil, 2 Scheibenbeil. –
M = 2:3 (nach F. Metzger-Krahé)

schon nachgewiesen wurden. Der Mensch konnte seßhaft werden. Außerdem lebte nun im Gegensatz zu den wandernden Rentierherden Standwild in den mesolithischen Wäldern.

Das mittelsteinzeitliche Geräte-Inventar bleibt bis zum Beginn der jungsteinzeitlichen Trichterbecherkultur in den küstennahen Flachlandzonen, also auch bei uns, die einzige Kulturhinterlassenschaft, obwohl auf den benachbarten Lößböden Südniedersachsens schon seit der Mitte des 5. Jahrtausends mit der Bandkeramik eine jungsteinzeitliche Kultur verbreitet war. Einzelfunde von Steingeräten der Bandkeramikkultur aus dem nördlichen Niedersachsen bezeugen durchaus Kontakte zwischen den Menschen beider Kulturkreise. Auch die frühesten Tongefäße der Ertebölle-Ellerbeck-Phase aus der späten Mittelsteinzeit Schleswig-Holsteins und Dänemarks lassen sich von jungsteinzeitlicher Keramik Mitteleuropas ableiten. Neueste Pollenanalysen aus mittelsteinzeitlichen Moorablagerungen des 4. Jahrtausends bezeugen sogar schon einen geringen Kulturgetreideanbau (Kossack/Schmeidl 1974, Schwaar 1980, Schwabedissen 1979).

Der Übergang von der mittelsteinzeitlichen zur jungsteinzeitlichen Wirtschaftsweise geschah bei uns offensichtlich über einen längeren Zeitraum hinweg und nicht als plötzlicher, revolutionärer Wechsel. Die wenig fruchtbaren Sandböden wie auch die zu feuchten Niederungen waren für den frühen Kulturpflanzenanbau noch ungeeignet. So blieben die Menschen im fischreichen Norddeutschland weitgehend bei der mittelsteinzeitlichen Wirtschaft. Die Lage der Fundplätze überwiegend auf den Dünenzügen beiderseits der Flußläufe zeigt deutlich die Bindung an die Gewässer, die auch als Verkehrswege gedient haben mögen.

Aus der Dichte der zahlreichen Fundplätze (Abb. 9) dürfen wir nicht unbedingt auf die Siedlungsdichte im Mesolithikum schließen. Denn innerhalb der mindestens vier Jahrtausende währenden Epoche mögen die Wohnplätze vielfach gewechselt haben.

Neben den Feuersteingeräten werden oft auch Geröllkeulen für mittelsteinzeitlich gehalten (Abb. 10,1). Die flachrunden oder ovalen Geröllsteine sind in der Mitte durchlocht. Wegen der ausgesucht gleichmäßigen Form, teilweise mit geschliffener Oberfläche,

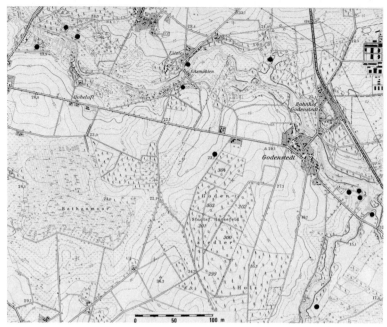

Abb. 9   Mittelsteinzeitliche Fundplätze im Raum Lavenstedt-Godenstedt

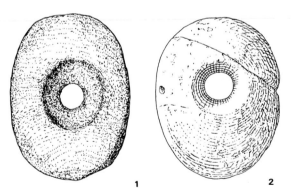

1   **2**

Abb. 10   Mittelsteinzeitliche Geröllkeulen; 1 aus Hetzwege, 2 aus Tarmstedt. –
M = 1:2

stehen sie in der Funktion sicherlich den Äxten der Jungsteinzeit nahe, die als Waffe oder Würdezeichen gedeutet werden können. Da eindeutige Zuordnungen zu mesolithischen Fundkomplexen in Norddeutschland nicht vorliegen, möchten manche Forscher alle Geröllkeulen bereits der Jungsteinzeit zurechnen. Tatsächlich weisen einige Stücke auch zylindrische Durchbohrungen auf, wie wir sie von den neolithischen durchlochten Keilen kennen. Dagegen zeigen viele Einzelfunde eine ältere Technik mit sanduhrförmiger Lochung, die nicht durch Bohren, sondern Herauspicken des Gesteins von beiden Seiten entstand (Abb. 10).

Wenn in mesolithischen Kulturen anderer Landschaften ähnliche Geräte auftreten, die man als Keulen oder Grabstockbeschwerer deutet, können auch wir die Geröllkeulen mit sanduhrförmiger Durchlochung dem Mesolithikum zuweisen.

Literatur:
K. H. Jacob-Friesen, Einführung in Niedersachsens Urgeschichte. I. Steinzeit (1959⁴). – F. Metzger-Krahé, Das Mesolithikum an der Unterelbe. Offa-Ergänzungsreihe 2 (1977) – J. Schwaar, Getreideanbau vor 4000 v. Chr. im niedersächsischen Tiefland? Nachrichten aus Nieders. Urgeschichte 49. 1980, S. 261 ff. – Ders., Die mittlere Steinzeit im westlichen Norddeutschland (1944). – H. Schwabedissen, Der Beginn des Neolithikums im nordwestlichen Deutschland. In: Großsteingräber in Niedersachsen. Veröffentlichungen der urgeschichtlichen Sammlungen des Landesmuseums zu Hannover 24 (1979), S. 203 ff.

Jüngere Steinzeit (Neolithikum)

Heute bezeichnen wir als jüngere Steinzeit die Kulturepoche, in der bereits Kulturpflanzen angebaut und Nutztiere gehalten werden. Die bäuerliche Wirtschaftsweise entstand im Laufe des 6. Jahrtausends im Vorderen Orient und gelangte während des 5. vorchristlichen Jahrtausends über den Balkan und den Donauraum nach Mitteleuropa. Zunächst waren es nur die Kultur der Bandkeramik und ihre Nachfolgekulturen, die auf den fruchtbaren Lößböden den Getreideanbau zugleich mit der Haustierhaltung pflegten. Auf den weniger fruchtbaren Sandböden des norddeutschen Flachlandes blieb die mittelsteinzeitliche Kultur und Wirtschaftsweise noch bis in das 3. Jahrtausend v. Chr. bestehen. Hier ist es die Trichterbecherkultur, die sich zugleich mit der Übernahme der neuen Wirtschaftsweise entwickelt. Siedlungen der Trichterbecherkultur sind im Landkreis Rotenburg bisher nicht untersucht. Aus den benachbarten Landschaften kennen wir unterschiedliche Hausformen. Es gab lange Pfostenbauten, die in mehrere Räume mit jeweils einer Herdstelle unterteilt waren. Daneben kamen aber auch kleine Hütten mit je einer Herdstelle vor. In der Wirtschaft herrschten Feldanbau und Haustierhaltung vor. Die Jagd spielte keine wesentliche Rolle mehr, sicherlich dagegen noch der Fischfang. Außer dem Hund wurden Ziege, Schaf, Hausrind und Schwein gehalten. Als Kulturpflanzen sind mehrere Weizenarten, Saatgerste, Erbsen, Bohnen, Linsen nachgewiesen.

Die Tongefäßformen sind von älteren jungsteinzeitlichen Kulturen übernommen worden. Die Form des Trichterbechers läßt sich wohl entweder über die mesolithischen Becher der Ertebölle-Ellerbek-Kultur oder direkt aus der Michelsberger Kultur Südwestdeutschlands ableiten. Andere Tongefäßformen aus der entwickelten Trichterbecherkultur verraten noch weitere Beziehungen. Die Tiefstichverzierung der Keramik wird wohl von der Rössener Kultur, einer Nachfolgekultur der Bandkeramik, angeregt worden sein. Bisher liegen die Anfänge der Trichterbecherkultur noch weitgehend im dunkeln. Die frühesten Tongefäße sind äußerst selten. Aus dem Elbe-Weser-Raum kennen wir bisher keinen eindeutigen Fund. Bekannteste Grabform der Trichterbecherkultur ist das Großsteingrab oder Megalithgrab. Daneben kommen auch Erdgräber vor. Megalithgräber kennen wir aus dem Mittelmeerraum und den küstennahen Regionen von Portugal bis Südschweden und bis an die Weichsel. Vermutlich ist die Idee, solche Steingruften zu bauen, über die Küstenländer von Süden her zu uns gelangt. Hier wurde sie von der Trichterbecherkultur aufgenommen, die sich von den Niederlanden bis Südskandinavien und nach Osten bis an die Weichsel erstreckte. Als älteste Steingräber hat man die Dolmen erkannt. Das sind kleine Steinkammern mit ein bis zwei besonders großen Decksteinen, die nur für eine Bestattung gedacht waren und auch keinen Eingang besaßen. Die Entwicklungsreihe führt dann über erweiterte Dolmen und Ganggräber bis zu kleinen Steinkistengräbern der Spätphase. Letztere sind bereits weniger gewaltig und vielfach auch weniger sorgfältig errichtete Anlagen. Schließlich lebt die Bautradition noch in Steinkistengräbern der Bronzezeit nach. Ein frühes Zentrum des Steingrabbaus im Norden war vermutlich Dänemark einschließlich Schleswig-Holsteins und Mecklenburgs. Dort finden wir Dolmen in großer Zahl. Bei uns ist die Dolmenzeit nur durch Erdgräber mit Einbau kleiner Findlinge vertreten. Im Landkreis Rotenburg sind die Steingräber bis auf wenige Reste verschwunden (Abb. 11). Dennoch können wir auch bei uns die gesamte Entwicklungsreihe der Grabformen nachweisen (Abb. 12). Dolmenzeitliche Erdgräber sind in Granstedt erhalten, ein Langdolmen und ein Ganggrab in Steinfeld, ein besonders spätes Ganggrab bei Gnarrenburg, eine Steinkiste in Fehrenbruch. Bronzezeitliche Steinkistengräber aus Farven und Anderlingen sind ausgegraben und verlegt worden. Über alle genannten Anlagen enthält der zweite Teil dieses Buches ausführliche Objektbeschreibungen.

Alle steinernen Grabkammern lagen ursprünglich in Erdhügeln. Viele der Hügel besaßen einmal eine Steinmauer aus großen Findlingen, die in der gleichen Weise wie die Trägersteine innerhalb der

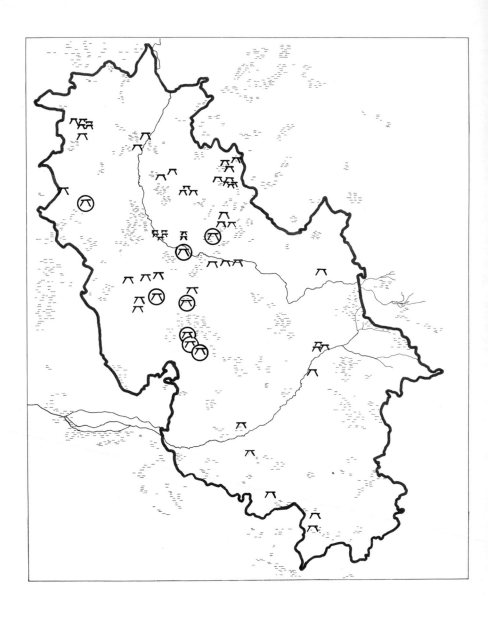

Abb. 11   Großsteingräber im Landkreis Rotenburg. ⌐ in geringen Resten oder nicht mehr vorhandene Denkmale, ⊘ noch deutlich erkennbare Denkmale

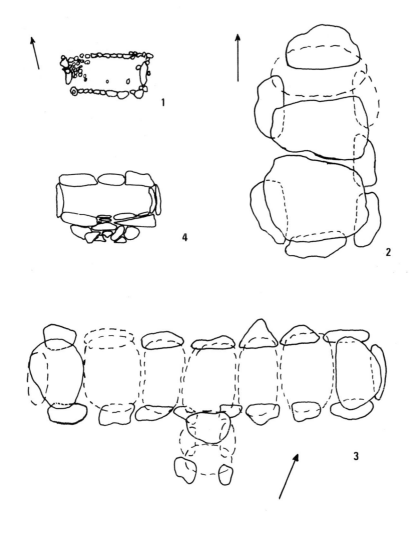

Abb. 12   Grabformen der Trichterbecherkultur im Kreis Rotenburg. 1 Erdgrab
mit Rollsteinsetzung in Granstedt, 2 Megalithgrab bei Steinfeld, 3 Ganggrab von
Ostereistedt, 4 Steinkistengrab von Fehrenbruch. – M = 1 : 100

Grabkammern errichtet waren. Die Findlinge standen so, daß eine flache Seite nach außen zeigte. Die Lücken zwischen den Steinen enthielten ein Trockenmauerwerk aus gebrochenen Granitsteinen. Unterschiedliche Formen der Hügel und Umfassungsmauern kommen im Gebiet der Trichterbecherkultur vor. Wir kennen runde Hügel wie in Steinfeld, rechteckige bis langovale, die den Hügel in 2 bis 3 m Abstand von der Grabkammer umgeben, sowie lange sog. »Hünenbetten«. So bezeichnet man sehr lange rechteckige Hügel, die nur in einem Abschnitt eine Steinkammer enthalten. Ausgrabungen in den Kreisen Stade und Lüneburg erwiesen, daß sich neben den Steinkammern noch ältere Holzkammergräber innerhalb des Hünenbetts befunden haben. In unserem Kreisgebiet ist kein Hünenbett mehr bekannt. Das Steingrab am Ortsrand von Nartum könnte der Oberflächengestalt seiner Umgebung nach einmal in einem Hünenbett gelegen haben. Die sehr späte Anlage von Gnarrenburg besaß einen Erdhügel mit niedriger Rollsteineinfassung, wie wir sie sonst von bronzezeitlichen Grabhügeln kennen.

Die Steingräber bezeugen eine hohe Fertigkeit und technisches Wissen ihrer Erbauer. Übereinstimmungen in Form und technischen Einzelmerkmalen deuten darauf, daß nicht jede Sippe oder Bestattungsgemeinschaft selbst ihre Gruft errichtete, sondern daß geübte Baumeister oder ganze Bautrupps die Bauarbeiten ausführten oder lenkten. Der heutige Beschauer kann sich kaum vorstellen, wie die manchmal bis zu 20 Tonnen schweren Findlinge bewegt und oft sogar gespalten werden konnten. Versuche haben uns gezeigt, daß bei Verwendung von Rollen und Hebeln der Transport mit wenigen geschickten Männern möglich ist. Ob Rollen tatsächlich verwendet wurden, wissen wir nicht. Wenn man Schleifunterlagen verwendete wie die Ägypter, mußten wesentlich mehr Menschen als Zugkräfte mitwirken. Leichter könnte es auf vorbereiteten Bahnen bei winterlichem Frost und leichter Schneedecke geschehen sein. Betrachten wir guterhaltene Steingräber genauer, fällt zunächst auf, daß die meist besonders großen Decksteine seitlich so zugeschlagen wurden, daß sie dicht aneinanderlagen und zusammen eine geschlossene Decke bildeten, während die

Tragsteine 20 bis 40 cm Abstand voneinander haben, der mit Zwischenmauerwerk ausgefüllt werden mußte. Versuche beim Wiederaufbau auseinandergerissener Gräber zeigten nun, daß die Decksteine trotz vorheriger Ausmessung sich kaum in die richtige Lage bringen ließen, wenn die Träger vorher aufgestellt waren. Wesentlich einfacher war es dagegen, die Decklage vollständig auf einen Erdhügel oder ein Holzbalkengerüst zu legen und danach die Träger einzeln von der Seite einzupassen. Dabei mußten auch die Zwischenräume zwischen den Tragsteinen bleiben; denn man benötigte ja einen Bewegungsraum, um die genaue Anpassung unter die Decksteine durch Drehen und Schieben richtig vornehmen zu können. Andernfalls wäre es wesentlich einfacher gewesen, gleich eine geschlossene Trägersteinwand ohne Zwischenräume aufzustellen.

Aus der weiten Verbreitung der Megalithgräber hat man schließen wollen, daß die Sitte, den Toten solch gewaltige Gruften zu bauen, zusammen mit religiösen Vorstellungen aus dem Mittelmeergebiet nach Norden gelangt ist. Das kann auch z. T. der Fall sein. Denn in der Regel liegen die Gräber unweit eines stehenden oder fließenden Gewässers, während wir Siedlungen der Trichterbecherkultur auf dem jenseitigen Ufer des Wassers finden. Das entspricht durchaus den Vorstellungen des alten Ägypten, wo die Gräberfelder ebenfalls jenseits der Flüsse liegen. Damit ist auch die Vorstellung verbunden, daß der Tote mit einem Boot oder Schiff in das Jenseits gelangt.

Andere Beobachtungen zeigen jedoch deutliche Unterschiede im Bestattungsbrauch innerhalb der Trichterbecherkultur. Da die Bestattungssitten immer von religiösen Vorstellungen bestimmt sind, muß es zumindest in der entwickelten Trichterbecherkultur sehr verschiedene Vorstellungen gegeben haben. Zweifellos sind in den Dolmen und zeitgleichen Erdgräbern nur Einzelpersonen beigesetzt gewesen. Anzahl und Art der Bestattungen in Ganggräbern lassen sich bei uns schwer ermitteln. Einerseits haben sich in den durchlässigen leichten Böden Norddeutschlands keine Knochen erhalten, und außerdem haben die Nachfahren der Steingräberleute im Zusammenhang mit spätneolithischen Nachbestattungen den

ersten Grabinhalt vielfach ausgeräumt. In Grabkammern in Dänemark und Mecklenburg sowie einem der »Siebensteinhäuser« bei
Fallingbostel fand man nur Schädel und Extremitätenknochen,
z. T. in Haufen getrennt. Hier müssen die Leichen andernorts
verwest und ein Teil der Gebeine anschließend im Steingrab depo-
niert worden sein. Ausgrabungen im Raum Lüneburg zeigten, daß
dort auch Ganggräber nur wenige vollständige Bestattungen und
auch entsprechend weniger Grabbeigaben enthielten. Dagegen
fand man in den meist besonders langen Grabkammern des westlichen Niedersachsen die Scherben von jeweils mehreren hundert
Tongefäßen. Knochen sind hier nirgends erhalten. Doch scheint es
so, daß in der westlichen Gruppe sehr viele Tote in die Steingräber
gelegt wurden, wie es auch in hessischen und westfälischen Steinkistengräbern derselben Zeit der Fall ist. Im Elbe-Weser-Dreieck
scheint es Einflüsse aus allen drei genannten Kreisen zu geben.
Leider ist im Kreis Rotenburg außer dem späten Grab von Gnarrenburg (s. S. 176 ff.) und der Steinkiste von Fehrenbruch
(s. S. 153 ff.) kein Grab systematisch ausgegraben worden.
Zweifellos wurden nicht alle Verstorbenen der Trichterbecherkultur in Steingräbern beigesetzt. Wir finden daneben auch Erdgräber,
oft unmittelbar neben Steingräbern. Bei Lavenstedt entdeckte ein
Bauer bei Planierungsarbeiten im Dünensand eine Steinsetzung,
bei der es sich nach seiner späteren Beschreibung um eine ähnliche
Anlage wie in Granstedt gehandelt haben muß (s. S. 165 ff.). An
einer Schmalseite des Grabes stand eine flache Steinplatte von 50 bis
60 cm Breite aufrecht. Daran schloß eine Packung Rollsteine, in
der zwei Tongefäße und drei Feuersteinbeile lagen (Abb. 13). Erdgräber wie in Himmelpforten oder Issendorf, beides Landkreis
Stade, bestanden aus großen rechteckigen Grabgruben, die in der
Art einer Grabkammer mit Holz ausgezimmert waren. Besonders
qualitätvolle Tongefäße sowie ein Goldring – der älteste Goldfund
Niedersachsens – zeigen, daß die Erdgräber keineswegs einer är-
meren Bevölkerungsschicht zugehören. Die Erdgräber waren
überwiegend nicht von Grabhügeln bedeckt. Man bezeichnet sie
deshalb allgemein als Flachgräber. Das Grab in Lavenstedt wurde
jedoch nach Abtragen eines Erdbuckels entdeckt und besaß mögli-

Abb. 13   Beigaben aus einem Flachgrab der Trichterbecherkultur in Lavenstedt. –
M = 1:3

cherweise einen kleinen Hügel. Zwei oder drei dolmenzeitliche
Erdgräber von Granstedt lagen zusammen unter einem großen
Grabhügel (s. S. 167).
Kennzeichnende Grabbeigaben der Trichterbecherkultur sind die
Keramik mit dem namengebenden Trichterbecher, Schultergefä-
ßen mit einem Bandhenkel oder zwei Ösenhenkeln, weitmündigen
Schalen und wenigen anderen Formen. Die meisten Gefäße enthal-

49

Abb. 14   Trichterbecher mit prachtvoller Tiefstichverzierung aus Helvesiek. –
M = 1 : 3

Abb. 15   Doppelschneidige Streitaxt aus Steinfeld. – M = 1 : 3

ten tief eingeritzte oder eingestochene Ornamente. Daher sprechen wir auch von »Tiefstichkeramik«. Ursprünglich waren die eingestochenen Verzierungen mit einer weißen kalkhaltigen Masse gefüllt, so daß die gelbbraune Keramik ein weißes Muster enthielt. Ein seltener »Prachtbecher« mit besonders reichem und sorgfältig hergestelltem Ziermuster stammt aus einem zerstörten Steingrab von Helvesiek (Abb. 14). Als Prunkäxte werden auch die seltenen doppelschneidigen Streitäxte angesehen, für die gelegentlich der Name »Amazonenaxt« gebräuchlich ist (Abb. 15). Ferner kommen geschliffene und polierte Feuersteinbeile und querschneidige Pfeilbewehrungen vor.

Aus fast allen Steingräbern stammen Tonscherben von zwei Nachfolgekulturen, der Einzelgrab- und der Glockenbecherkultur. In einigen Fällen ließ sich nachweisen, daß diese Tongefäße zu Nachbestattungen gehörten, die nach Ausräumen des ersten Kammerinhalts eingebracht wurden oder nachdem die Beisetzungen der Trichterbecherkultur mit einer Sand- oder Steinschicht abgedeckt waren. Die jüngeren Kulturen haben sich offenbar zeitlich mit der Steingräberkultur berührt und diese – jedenfalls im Gebrauchsgut – abgelöst.

Literaturauswahl:

W. D. Asmus, Untersuchung eines Megalithgrabes mit ovaler Steinumfassung von Helvesiek, Krs. Rotenburg. Germania 36, 1958, S. 170ff. – H. Behrens, Die Rössener Kultur und ihre Bedeutung für die Herausbildung der Tiefstichkeramik aus der Trichterbecherkultur. Die Kunde N. F. 10, 1959, S. 44f. – K. H. Brandt, Studien über steinerne Äxte und Beile der jüngeren Steinzeit und der Stein-Kupferzeit Nordwestdeutschlands (1967). – R. Dehnke, Die Tiefstichtonware der Jungsteinzeit aus Osthannover (1940). – Ders., Ein Megalithgrab bei Helvesiek, Krs. Rotenburg (Wümme). Nachr. aus Nieders. Urgeschichte 39, 1970, S. 226ff. – J. Deichmüller, Eine doppelschneidige Axt vom Hannoverschen Typ. Nachr. aus Nieders. Urgeschichte 38, 1969, S. 109ff. – Ders., Ein neolithisches Flachgrab bei Lavenstedt, Krs. Bremervörde, a.a.O., S. 115ff. – Ders., Das Steingrab im Eichholz bei Gnarrenburg. Neue Ausgr. u. Funde in Nieders. 7, 1972, S. 24ff. – K. H Jacob-Friesen, Einführung in Nieders. Urgeschichte, 1. Steinzeit (1959[4]). – H. Knöll, Die nordwestdeutsche Tiefstichkeramik und ihre Stellung im nord- und mitteleuropäischen Neolithikum (1959). – Ders., Die Trichterbecherkultur. In: K. J. Narr, Handbuch der Urgeschichte, Bd. 2: Stein- und Kupferzeit (1975), S. 357ff. – H. Müller-Karpe, Handbuch der Vorgeschichte 3. Kupferzeit (1974). – E. Schlicht, Kupferschmuck aus Megalithgräbern Nordwestdeutschlands. Nachr. aus Nieders. Urgeschichte 42, 1973, S. 13ff. – H. Schirnig (Hrsg.), Großsteingräber in Niedersachsen. Veröffentlichungen der urgeschichtlichen Sammlungen des Landesmuseums Hannover 24 (1979). – H. Schwabedissen, Ertebölle/Ellerbeck – Mesolithikum oder Neolithikum? Berichte über das 2. internationale Symposion »Mesolithikum in Europa« Potsdam 1978 (1980). – E. Sprockhoff, Zur Megalithkultur Nordwestdeutschlands. Nachr. aus Nieders. Urgeschichte 4, 1930, S. 1ff. – Ders., Die nordische Megalithkultur (1938). – Ders., Atlas der Megalithgräber Deutschlands. Tl. 3: Niedersachsen/Westfalen (1970). – W. Wegewitz, Die Gräber der Stein- und Bronzezeit im Gebiet der Niederelbe (1949).

Späte Becherkulturen, frühe und ältere Bronzezeit

Einzelgrabkultur

Gegen Ende der Trichterbecherkultur tritt eine neue Kulturerscheinung auf, die wohl durch Zuwanderung von Bevölkerungsgruppen aus dem Bereich der Schnurkeramik- oder Streitaxtkulturen nach Norddeutschland gelangte. Da diese Leute ihre Toten – zumindest jedoch bevorrechtigte Männer – einzeln unter Grabhügeln bestatteten, sprechen wir bei uns von der »Einzelgrabkultur«. Die Gräber der Einwanderer finden wir vornehmlich in den Landstrichen, in denen wenige oder keine Megalithgräber nachgewiesen sind. Sie besiedelten auch die weniger ertragreichen Sandböden und bevorzugten höhere Lagen für die Grabhügel. Man hat daraus schließen wollen, daß sie vielleicht mehr Viehhalter als Feldbauern waren und ihnen eine größere Beweglichkeit zugesprochen. Verschiedene Forscher sehen in dem Kulturkreis der Schnurkeramik die Ur-Indogermanen. Demnach würden mit den Menschen der Einzelgrabkultur die ersten Indogermanen bei uns in ein Gebiet gekommen sein, in dem mit den Trägern der Großsteingräberkultur eine vielleicht nicht indogermanische Altbevölkerung ansässig war. Beide Gruppen haben zunächst nebeneinander in derselben Landschaft gelebt. Dabei muß ein starker kultureller, vermutlich auch politischer Einfluß von der Einzelgrabkultur auf die Trichterbecherkultur ausgeübt worden sein.
In nahezu sämtlichen Großsteingräbern finden wir über oder nach dem Horizont der Trichterbecherkultur Nachbestattungen mit Beigaben der Einzelgrab- und Glockenbecherkultur. In vielen Steingräbern sind beide Erscheinungen vertreten. Nach einigen Befunden scheint es so, daß zuerst die Einzelgrabkultur vorhanden war und dann die Glockenbecherkultur dazukam. Es entwickelten sich auch Mischformen beider Tongefäßtypen. Die bisher vertretene Ansicht, daß fremde zugewanderte Bevölkerungen gleichsam als Eroberer ihre Toten demonstrativ in den Grabstätten der viel-

leicht unterworfenen Altbevölkerung bestatteten, ist nicht erwiesen. Wahrscheinlich sind darin die Nachfahren der Steingräberleute selbst zu sehen, die lediglich die materielle Kultur und die Moden der neuen Herren übernahmen, aber weiterhin die Ahnengräber, wenn auch nach anderem Ritus benutzten. Die Gräber der Einwanderer finden wir in den Grabhügeln mit Einzelbestattungen. Beide Bevölkerungen haben offensichtlich mehrere Generationen nebeneinander gelebt, bis sie vermutlich im Laufe der Bronzezeit miteinander verschmolzen. Aus beiden Elementen muß sich die Bevölkerung und Sprachgemeinschaft entwickelt haben, die uns später in der geschichtlichen Zeit als germanisch faßbar wird.

Kennzeichnend für die Einzelgrabkultur sind einzelne Gräber unter breiten flachen Grabhügeln. Oft liegen mehrere Bestattungen übereinander, wobei der Formenwandel im Beigabengut eine Generationenfolge jeweils nacheinander beigesetzter Einzelpersonen andeutet. Die ältesten Gräber sind in den Untergrund eingetieft und vom Hügel überdeckt. Sie enthalten überall dieselben Beigabentypen, weshalb man vom Formengut der *Untergrabzeit* spricht. Die nächste Generation bestattet auf der Bodenoberfläche. Wir bezeichnen die Phase als *Bodengrabzeit*. Oberhalb der Hügel kommen gelegentlich Nachbestattungen vor, die dann von einer Hügelüberhöhung bedeckt sind. Das Grabgut ist kennzeichnend für die *Obergrabzeit*. Weitere Nachbestattungen (Oberstgräber) sind dann bereits voll bronzezeitlich.

Die Untergräber bestehen in der Regel aus Grabgruben von etwa 1 m Breite und 1,8 bis 2,5 m Länge. Sie können wenige Dezimeter bis 1 m in den Untergrund eingetieft sein. Gelegentlich ließen sich Holzeinbauten (Grabkammern) durch Pfosten- und Wandverfärbungen nachweisen. Fast immer ist der Hügel von einer ringförmigen Einfassung umgeben. Oft umgibt ein Graben von 20 bis 40 cm Tiefe den Hügel. Es kommen auch Steinkränze, Pfostensetzungen, in der Lüneburger Heide sogar zweimal Flechtwerkzäune vor. Man erklärt die Einfassung meist als Bannkreis, der auf magische Weise die Toten vor bösen Geistern von außen schützen konnte. Es mag aber auch sein, daß der Wiedergängerglaube die Ursache war, und die Toten in das Grab gebannt werden mußten, damit sie nicht

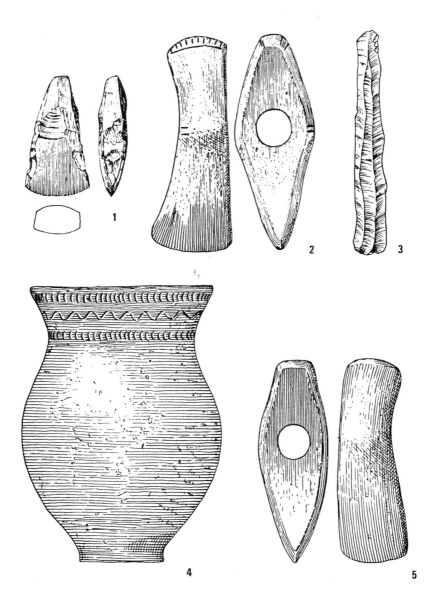

Abb. 16   Grabbeigaben der Einzelgrabkultur; 1–3 aus Tiste, 4 + 5 aus Haaßel. –
M = 1:2,6 (nach K. H. Brandt)

55

nächtlich umgehen und die Lebenden behelligen konnten. Manchmal zeigt eine Pfostenverfärbung, daß im Grabhügel neben der
Grabgrube ein dicker Holzpfahl gestanden hat. Dieser Pfahl hat
vermutlich aus dem Hügel herausgeragt. Mehrfach sind Brandreste in den Grabhügeln beobachtet worden. Man hat über den
Gräbern, manchmal vor, in anderen Fällen nach der Hügelaufschüttung aus irgendwelchen rituellen Gründen Feuer abgebrannt.
Typisch und besonders einheitlich sind die Grabbeigaben der Einzelgrabkultur. Wir finden Tonbecher, Streitäxte, Feuersteinbeile
und Feuersteinspanmesser. Oft sind nur einzelne dieser Geräte
mitgegeben, in seltenen Fällen alle zugleich (Abb. 16). Alle Gräber
sind ungefähr in Ost-West-Richtung angelegt. Die Toten liegen in
der Regel mit angezogenen Beinen auf der rechten Seite mit dem
Gesicht nach Osten (zur aufgehenden Sonne?). Während die Stein-
geräte an verschiedenen Stellen, überwiegend in der Mitte der
Grabgrube liegen, finden sich die Becher in den meisten Fällen
liegend in der Höhe des Kopfes.
Die Obergräber oder obergrabzeitliche Erdbestattungen unter
Grabhügeln enthalten nicht mehr die typischen Streitäxte und Becher der vorhergehenden Stufen. Überwiegend finden wir Feuer-
steindolche als Grabbeigaben. Sie sind bereits frühen Metalldol-
chen nachgeformt, weil das Metall in Norddeutschland noch nicht
zur Verfügung stand. Zweifellos bezeugen die Flintdolche eine
Höchstentwicklung der Feuersteinbearbeitung (Abb. 17). Wenige
Kontaktfunde bezeugen, daß sich die Obergräber mit der bereits
Kupfer und Bronze führenden Aunjetitzkultur zeitlich berühren. In
Mitteldeutschland und im Nordostalpengebiet beginnt mit der
Aunjetitzer Kultur die frühe Bronzezeit. Wir rechnen dagegen die
Obergrabzeit wegen des Fehlens der Metallbeigaben noch zum
Spätneolithikum. Berechtigt ist diese Zuordnung vor allem, weil
die Toten der Obergräber zweifellos Nachfahren der Einzelgrab-
leute sind.
Die Bestattung von vielfach drei Männergräbern übereinander
deutet auf drei einander folgende Generationen. Vermutlich haben
wir es mit Familienhügeln zu tun, in denen jeweils nur das Fami-
lienoberhaupt beigesetzt wurde. Wir dürfen uns nicht vorstellen,

Abb. 17 Feuersteindolch aus Jeddingen. – M = 1:2

daß nun in jedem Grabhügel der Einzelgrabkultur drei aufeinander folgende Bestattungen anzutreffen sind. Oft sind nur zwei, manchmal nur eine der drei Stufen vertreten. Manche Hügel sind erst von der Bodengrabzeit an belegt. Gelegentlich fehlt auch die mittlere Stufe.

Einen Grabhügel mit Untergrab und Obergrab hat K. Machunsky bei Wohlsdorf unweit Scheeßels untersucht. Seine Ausgrabung in dem bereits bis fast an die Mitte gestörten Hügel hat aber nicht die gesamte Fläche erfaßt, so daß er ein möglicherweise seitlich verschobenes Bodengrab nicht entdecken konnte. Der im folgenden beschriebene Befund deutet sogar auf das ursprüngliche Vorhandensein eines Bodengrabes. Der sehr hoch gewölbte Grabhügel mit

57

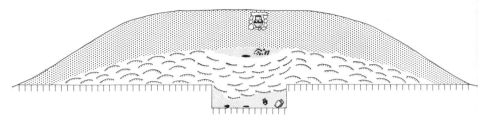

Abb. 18   Profilschnitt durch mehrperiodigen Grabhügel von Wohlsdorf. –
M etwa 1:100

2,2 m Höhe und 12 m Durchmesser ließ bereits einen mehrperiodigen Aufbau erwarten. Genau unter der Hügelmitte lag ein 60 cm eingetieftes Untergrab von 1,8 m Länge und 1 m Breite (Abb. 18). Es enthielt zwei Tonbecher, eine Streitaxt und ein Feuersteinspanmesser (Abb. 19). Über dem Grab wölbte sich ein aus Gras- und Heideplaggen aufgeschichteter innerer Hügel von 1 m Höhe. Das Untergrab muß ursprünglich ausgesteift und als hohle Kammer abgedeckt gewesen sein. Denn die Plaggenschicht wölbte sich in die Grabgrube hinein und reichte bis an das kleinere der beiden Tongefäße. Weil eine zweifache Becherbeigabe ganz ungewöhnlich ist, besteht durchaus die Möglichkeit, daß der kleine Becher, der auch typologisch jünger erscheint, aus einem darüberliegenden Bodengrab stammt und nach dem Einsturz der ersten Grabgrube abgesunken ist. Durch das Absinken des Bodens entstand auf der Kuppe des Plaggenhügels eine ovale Mulde. Darin befand sich eine graue, ausgebleichte Sandeinfüllung. Sie enthielt eine weitere Nachbestattung, nämlich ein Brandgrab. Zusammen mit einer Anhäufung verbrannter menschlicher Knochen (Leichenbrand) lag ein Feuersteindolch des Typs I, der nach Vergleichsfunden obergrabzeitlich einzuordnen ist.

Oberhalb des Dolchgrabes befand sich noch eine 1 m hohe Hügelerhöhung. Wiederum in Hügelmitte fand K. Machunsky gleich unter der Oberfläche die Reste eines Urnengrabes aus der jüngeren Bronzezeit in einer Rollsteinpackung. Hier läßt sich ein Zusammenhang mit den älteren Bestattungen des Hügelgrabes nicht mehr

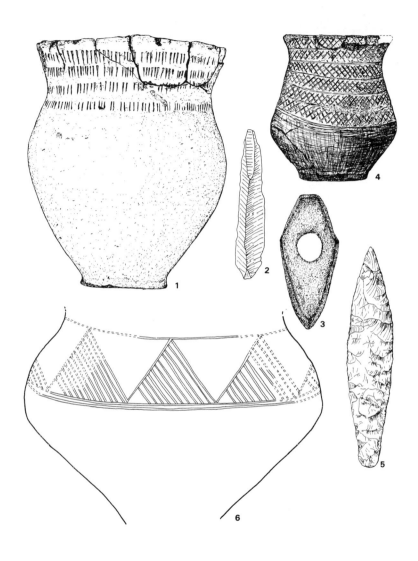

Abb. 19 Beigaben aus dem Grabhügel von Wohlsdorf; 1–3 Tonbecher, Streitaxt, Spanmesser aus Untergrab, 4 Tonbecher aus Untergrab oder Bodengrab, 5 Feuersteindolch aus Obergrab, 6 Urne aus Nachbestattung. – M = 1:3

beweisen. Sehr häufig kommen Urnenbeisetzungen aus der jüngeren Bronzezeit und frühen Eisenzeit in den älteren Grabhügeln vor, ohne daß die dazwischenliegenden Generationen nachweisbar sind. Hinweise auf einen Steinkranz oder andere Hügelumfassungen sind nicht beobachtet worden, da die Randbereiche des Grabhügels bisher nicht untersucht wurden.

Glockenbecherkultur

Die jüngeren Keramikformen der Einzelgrabkultur sind in Form und Verzierung von der Glockenbecherkultur beeinflußt. Als neuer fremder Einfluß belegt die Glockenbecherkultur, deren Verbreitung von Spanien bis Mitteldeutschland und über Böhmen bis Polen reicht, ebenfalls eine Einwanderung. Denn soweit in reinen Glockenbechergräbern anderer Landschaften Skelette erhalten geblieben sind, gehören sie einem besonderen Rassetypus an. Kennzeichnende Beigaben sind die glockenförmigen Tonbecher (Abb. 20), Feuersteinpfeilspitzen mit Schäftungsdorn und rechteckige durchbohrte Platten aus Schiefer oder Knochen, die als Schutz gegen die zurückschnellende Bogensehne vom Schützen am Unterarm getragen wurden. Auch Kupferdolche und v-förmig durchbohrte Knochenknöpfe treten häufig auf. In Nordwestdeutschland und den Niederlanden kommt es schnell zu einer Verschmelzung der Tongefäßformen der Glockenbecher- und Einzelgrabkultur, die auf enge Kontakte der beiden Bevölkerungsgruppen deuten. Auch die Glockenbecherleute bestatten ihre Toten in Flachgräbern oder unter Grabhügeln, von denen im Kreis Rotenburg allerdings nur wenige bekannt sind. Die Bestattungsplätze finden ebenfalls Fortsetzungen in der Bronzezeit, die an ein Fortbestehen der Friedhöfe und damit der Familien glauben lassen. So lagen Hügel mit alleinigen Bestattungen der Glockenbecherkultur bei Uthlede, Krs. Cuxhaven, unmittelbar neben Hügeln der Bronzezeit. In Helvesiek fand sich ein Glockenbecher in einem Grab zusammen mit einem Becher der Einzelgrabkultur (s. S. 62). H. Müller-Brauel besaß drei Glockenbecher und das Bruchstück eines weiteren aus

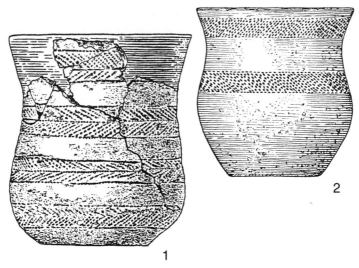

Abb. 20   Glockenbecher. 1 aus Westertimke (nach J. Deichmüller), 2 aus Tiste
(nach K. H. Brandt). – M = 1 : 2,6

Grabhügeln bei Tiste. Einer der Hügel war besonders groß und
hatte sicherlich jüngere Nachbestattungen. Bei dem Einzelfund
eines vollständigen Glockenbechers aus Ehestorf und drei Bechern
von Westertimke könnte es sich ebenfalls um Grabfunde handeln.
Die Westertimker Funde stammen angeblich von einer Stelle aus
einer Sandgrube. Nähere Fundplatzbeobachtungen liegen leider
nicht vor. Auch von Grabhügeln ist in diesem Gebiet nichts vermerkt gewesen. Grabhügel oder Flachgräber sind indessen nicht
auszuschließen, weil Tonbecher in der Regel nur in Gräbern vollständig erhalten geblieben sind.
In der Feldmark Barchel lagen innerhalb eines Grabhügelfeldes
mehrere kleine Hügelgräber von 4 bis 5 m Durchmesser. Eines
davon wurde untersucht. Es enthielt eine eingetiefte Grabgrube
von 2,0 × 1,5 m Größe und 60 cm Tiefe, gefüllt mit ausgebleich-
tem humosen Sand. Grabverfärbung und Funde waren nicht zu
erkennen. Unter der Grabgrube befand sich wenig versetzt eine
kleinere, noch 30 cm tiefer reichende Grube. Darin ließ sich der

Leichenschatten eines Kindes erkennen, das in Hockerstellung mit stark angezogenen Beinen auf der rechten Seite lag. Der Kopf befand sich im West-Süd-Westen, den Blick nach Süd-Süd-Osten gerichtet. Grabform und Lage des Toten könnten für die Glockenbecherkultur sprechen. Da jedoch Grabbeigaben fehlen, muß die Zuordnung offenbleiben.

Bei der Ausgrabung eines 18 m breiten und 0,7 m hohen Grabhügels in Helvesiek durch W. D. Asmus zeigten sich übereinanderliegende Bestattungen. Ungefähr in Bodenhöhe lagen die Scherben eines Tonbechers der Einzelgrabkultur. Darunter befand sich ein West-Ost ausgerichtetes Untergrab. Am westlichen Ende lag darin

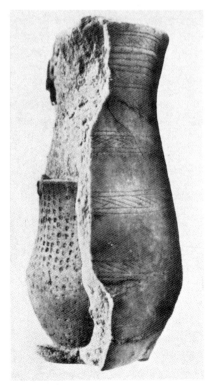

Abb. 21   Kleiner Einzelgrabbecher in einem Glockenbecher. Beigabe aus einem Bodengrab in Helvesiek. – M etwa 2:3 (nach W. D. Asmus)

ein Glockenbecher mit zonenförmiger Verzierung. Innerhalb des Glockenbechers steckte ein kleines Tongefäß der Einzelgrabkultur (Abb. 21). Am Rande des Hügels waren noch zwei Nachbestattungen ohne Beigaben zu erkennen, die der Randlage nach wohl bronzezeitlich sind. Ein Ringgraben umschloß den äußeren Hügelrand. Glückliche Umstände zeigen hier den direkten Kontakt beider späten Becherkulturen. Es muß allerdings fraglich bleiben, ob wir es mit einem Grab der Glockenbecherleute zu tun haben oder wahrscheinlicher einer Anlage der Einzelgrabkultur, die uns den Einfluß der Glockenbecherkultur sichtbar werden läßt. Andere Kontaktfunde deuten überwiegend auf Verbindungen der Glockenbecherkultur mit der Boden- und Obergrabzeit der Einzelgrabkultur.

In den meisten Fällen stammen Glockenbecher – in der Regel nur in Scherben geborgen – aus gestörten oder beschädigten Großsteingräbern. Die Steingräberleute hatten in dieser Zeit offenbar die Tongefäßformen, nicht nur der Einzelgrabkultur, sondern auch der Glockenbecherkultur übernommen. Die Träger der Glockenbecherkultur, die sich in kurzer Zeit über weite Teile Europas ausgebreitet hatten, waren zweifellos nicht sehr zahlreich. Sie übten aber einen starken kulturellen – vermutlich auch politischen – Einfluß auf die beiden bereits ansässigen Bevölkerungsgruppen der Trichterbecherkultur und der Einzelgrabkultur aus.

Übergang zur Bronzezeit

Schon in der Trichterbecherkultur kommen vereinzelt Metallbeigaben in Gräbern vor. Es sind meist kleine, aus Kupferblechröllchen bestehende »Perlen« und durchlochte Kupferblechstücke, die offensichtlich beide als Schmuck Verwendung fanden. Aus einem Erdgrab bei Himmelpforten im Kreis Stade stammt sogar ein Goldring. Die erste Phase der Metallverarbeitung bezeichnet man weltgeschichtlich als Kupferzeit. Abgesehen von wenigen Kupfergegenständen aus Megalithgräbern wurde das Metall bei uns kaum benutzt. Jedenfalls fand es nicht Verwendung als Grabbeigabe.

Deshalb rechnet man die Zeit der Becherkulturen hier noch zum Spätneolithikum. Erst in der älteren Bronzezeit begann auch in Norddeutschland die Herstellung der Bronze aus Kupfer und Zinn. Beide Metalle mußten auf dem Handelswege beschafft werden. Zinn kam vermutlich von der britischen Insel, der »Zinninsel« der antiken Mittelmeervölker. Kupfer konnte aus den Alpen importiert werden, wurde vielleicht auch in unbestimmtem Umfang im Mittelgebirge und auf Helgoland gewonnen.

Formenkundlich gliedern wir die Bronzezeit in fünf Perioden. Die von Skandinavien übernommene Periodeneinteilung läßt sich auch bei uns gut anwenden. Denn das Gebiet nördlich der Wümme und östlich der Unterweser zeigt enge Verbindungen zum nordischen Kreis der Bronzezeit und wird zeitweilig dazugerechnet. Besonders große Grabhügel, die im Raum Zeven–Bremervörde ebenso wie nördlich der Elbe vorkommen, kennen wir aus dem Gebiet um Rotenburg nicht mehr. Der Raum südlich der Wümme gehört mit zum Kulturkreis der Lüneburger Heide. Aus den zahlreichen Hügelgräbern der nordwestlichen Lüneburger Heide, zu der auch das Gebiet um Rotenburg landschaftlich zu rechnen ist, stammen nur wenige Bronzefunde. Reichausgestattete Grabinventare kennen wir nur in den Randgebieten der Heide, die besonders gute Ackerböden besitzen, wie die Flottsandgebiete um Hermannsburg–Bergen, das Uelzener Becken, das Ilmenau- und Luhetal. Es sind dieselben Landschaften, in denen auch die Trichterbecherkultur der Jungsteinzeit stark verbreitet war. Es scheint so, als bildeten landwirtschaftliche Erzeugnisse eine Grundlage für den Tauschhandel gegen Metalle.

Eigenartigerweise sind bisher keine Siedlungen der älteren Bronzezeit bekannt geworden. Wo Anzeichen auf Siedlungsfunde vorlagen, ließen sich keine Spuren von Pfostenhäusern nachweisen. Da zahlreiche Grabfunde uns die Anwesenheit des Menschen für diese Zeit belegen, kann es sich nur um leichtgebaute Hütten oder um Häuser mit Schwellbalkenunterbau gehandelt haben. Eine weitere Schwierigkeit, Siedlungen der älteren Bronzezeit nachzuweisen, liegt im Fehlen typischer Keramik. Den Grabfunden nach gab es kaum Tongefäße in dieser Zeit. Wenige kleine Töpfe bestehen aus grober und mürber Tonware ohne typische Formgebung. Wenn die Siedlungen der spätneolithischen Becherkulturen in der älteren Bronzezeit fortbestanden haben, wird man sie anhand von Oberflächenfunden selten auch als bronzezeitlich erweisen, denn auch der Feuerstein spielte noch eine wesentliche Rolle als Material für die Geräteherstellung in der gesamten älteren Bronzezeit.

Nach Aussage der Grabfunde vollzog sich die Entwicklung vom Spätneolithikum zur Bronzezeit tatsächlich gleichmäßig und ohne Unterbrechung der Bestattungsplätze. Viele Grabhügel der Einzelgrabkultur enthalten Nachbestattungen der frühen und älteren Bronzezeit. Ein stärkerer Kulturwandel scheint später im Übergang von der älteren zur jüngeren Bronzezeit stattgefunden zu haben.

Von den Becherkulturen der jüngeren Steinzeit an ist die Bestattung unter Erdhügeln die übliche Grabform. Von mehreren tausend Grabhügeln, die es im Kreis Rotenburg einmal gegeben hat, sind nur noch mehrere hundert vorhanden. Von vielen bereits zerstörten Gräbern kennen wir noch die Plätze. Sie lagen bevorzugt in erhöhter Lage am West- und Südrand von Anhöhen oder einzeln und in kleinen Gruppen auf den Höhenrücken und Hochebenen. Vielfach finden wir sie in lockeren Reihen, an die sich mit geringem Abstand die nächste Reihe anschließt. Wahrscheinlich wurden sie einstmals an den Verkehrswegen errichtet, so daß uns die Kartierung der Hügelgräber heute Hinweise auf das Wegenetz der Bronzezeit vermittelt (Abb. 22).

Vor allem in den größten Grabhügeln finden wir mehrere Bestattungen über- und nebeneinander. Meist gehören die ältesten und untersten Gräber noch in die Einzelgrabkultur, die oberen in die Bronzezeit. Neben diesen Hügeln finden wir im selben Gräberfeld auch – meist kleinere – Grabhügel, die allein bronzezeitliche Beisetzungen enthalten. In allen Hügeln können Urnen-Nachbestattungen der jüngeren Bronzezeit und älteren Eisenzeit vorkommen. Die Bestattungsabfolge in den Hügeln deutet auf das Fortleben der Familienbestattungsplätze und beweist eine ungebrochene Entwicklung seit der Einzelgrabkultur. Andere Grabhügelfelder schließen an Großsteingräber der Trichterbecherkultur. Hier feh-

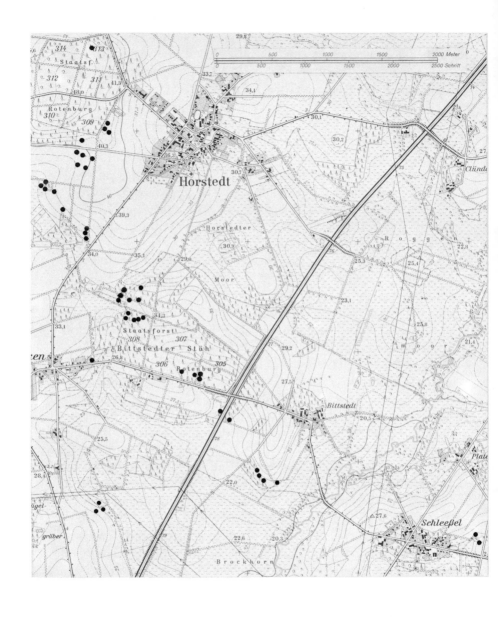

Abb. 22   Die Grabhügel zwischen Stapel und Scheeßel markieren offensichtlich
den bronzezeitlichen Verkehrsweg

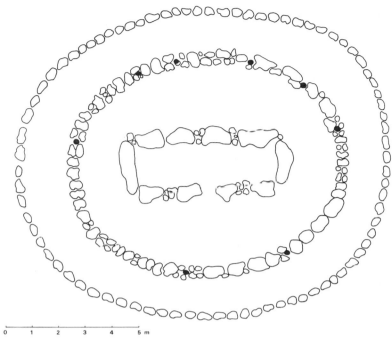

0   1   2   3   4   5 m

Abb. 23   Steingrab von Sassenholz-Twistenbostel mit zweimaliger Hügeleinfassung durch Steinringe, vermutlich aus der älteren Bronzezeit. – M = 1 : 150 (nach H. Müller-Brauel)

len im allgemeinen die Untergräber der Einzelgrabzeit. Denn zu jener Zeit bestatteten die Nachfahren der Trichterbecherleute ihre Toten noch in den Steingräbern, wenn auch mit Grabbeigaben in den von den Streitaxtleuten und Glockenbecherleuten übernommenen Formen. Reine Grabhügel der Glockenbecherkultur sind zu selten, als daß man aus ihrer Lage allgemeine Schlüsse ziehen könnte.

Die Grabhügel der älteren Bronzezeit haben Durchmesser von 10 bis 40 m und Höhen von 1 bis 5 m. Die aus Sand oder Grasplaggen aufgeschichteten Hügel besaßen in der Regel eine Umfassung aus kopf- bis kürbisgroßen Feldsteinen. Der Steinkranz stützte die

67

Hügelaufschüttung. Vielleicht hatte er aber auch eine Bedeutung als »magischer Kreis«, der die toten Geister in den Hügel bannte, damit sie nicht umgehen konnten, oder die toten Ahnen vor bösen Geistern von außen schützen sollte. Die größten Hügel enthalten meist mehrere Gräber, bei deren Beisetzung der Hügel jeweils erweitert oder überhöht wurde. Dabei kam es in der Regel auch zu einer Erweiterung des Steinkranzes oder Anlage eines zusätzlichen äußeren Steinrings (Abb. 23). In den beiden ersten Perioden der Bronzezeit erhielten die Toten einen Sarg aus einem ausgehöhlten Baumstamm. In den sandigen Böden unseres Landkreises sind die Baumsärge vergangen. Wurden die Stämme einstmals mit Hilfe von Feuer ausgehöhlt, so finden wir noch Reste der Särge in verkohltem Holz (Abb. 24).

Die Lage der Gräber erkennen wir nicht nur aus möglichen Grabbeigaben oder Sargresten, sondern vielfach an den Rollsteinpackungen, auf denen die Särge gestanden hatten. Gelegentlich haben Steine auch den Sarg ringsum eingeschlossen und überdeckt. Daneben finden wir vereinzelt noch eine andere Grabform, das Steinkistengrab. Es steht zweifellos in der Tradition der Megalithgräber. Man verwendete aber nicht mehr die größten Findlinge, son-

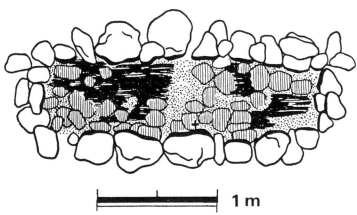

1 m

Abb. 24   Rollsteinpackung mit Resten des verkohlten Baumsarges aus Heeslingen-Offensen (nach H. Potratz)

dern kleinere, oft zu Platten gespaltene Steine. Steinkisten mit mehreren Seitensteinen und Decksteinen waren für die Bestattung einer einzigen Person vorgesehen. Die Tragsteine wurden so weit in den Boden eingetieft, daß die Decksteine meist in Höhe der Erdoberfläche lagen. Über den Gräbern wölbte sich ein flacher Grabhügel.

Ein Steinkistengrab dieser Art in Fehrenbruch enthielt noch Keramikreste der späten Trichterbecherkultur und zeigt deutlich die Herkunft dieses Grabhügels aus dem jungsteinzeitlichen Kulturkreis (s. S. 156). Zwischen den Resten eines Steinkistengrabes in der Gemarkung Vorwerk fanden sich Tonscherben von Riesenbechern mit plastischer Wellenleiste unter dem Rand, die im Zusammenhang mit der Einzelgrabkultur und Glockenbecherkultur vorkommen. Die Mehrzahl der Steinkistengräber stammt aus der frühen Bronzezeit. Dazu gehört auch das bekannte Grab von Anderlingen im Kreis Rotenburg (s. S. 156ff.).

Neben den Grabfunden kennen wir auch sog. Hort- oder Depotfunde. Sie bestehen aus einer größeren oder kleineren Anzahl von Gegenständen, die zusammen im Erdboden vergraben worden sind. In einigen Fällen lassen sie sich als Händlerdepot oder Versteck erkennen, vor allem wenn eine Reihe Geräte desselben Typs allein oder zusammen mit Altmetall aufgefunden wird. Manchmal liegen auch vollständige Garnituren wie etwa die Ausrüstung eines Mannes oder der Schmuck einer Frau in der Erde, ohne daß die Fundumstände auf ein Grab deuten. Man hat sie als Versteck gedeutet, das der Eigentümer nicht wieder öffnen konnte, weil er durch Tod oder andere Umstände daran gehindert war. Weil solche Funde, vor allem aus der jüngeren Bronzezeit, oft an abgelegenen Plätzen wie Mooren, entdeckt werden, kommt auch die Niederlegung als Opfergabe in Betracht. Einige Forscher haben auch daran gedacht, es könne sich um eine Ausstattung für das Jenseits handeln. Der Eigentümer könne sie der Erde anvertraut haben, um im Todesfall für das jenseitige Leben ausgerüstet zu sein. So konnten die Erben dem Toten dessen Wertgegenstände nicht vorenthalten.

In Mittel- und Süddeutschland bezeichnen wir als Frühbronzezeit
einen Horizont, in dem die frühesten, noch zinnarmen Bronzegegenstände vorkommen. Es sind das die Adlerberg-Kultur und die
Aunjetitz-Kultur. In den ältesten Gräbern der frühbronzezeitlichen
Kulturen Böhmens und Österreichs kommen noch Beigaben der
Glockenbecherkultur vor. Aus dieser frühbronzezeitlichen Phase
kennen wir bei uns noch keine Metallfunde. Sie zeigt sich in Norddeutschland und Südskandinavien im Horizont der Feuersteindolche. Die Form der Steindolche läßt teilweise deutlich erkennen, daß
sie Metallvorbildern nachgeformt sind. Zeitlich folgt darauf ein
Abschnitt, den man nach den Bronzekurzschwertern der Typen
Sögel und Wohlde benennt. Mit den Bronzefunden des Sögel-
Wohlde-Horizonts setzt die Bronzekultur im nordischen Kreis und
in der Lüneburger Heide ein. Deshalb beginnt die Periodeneinteilung des schwedischen Forschers Oskar Montelius für die nor-
dische Bronzezeit, die wir auch bei uns anwenden, mit dieser Stufe
(Abb. 25).
Deuteten die Grabbeigaben unter den Hügeln der Einzelgrabkultur
nur auf Männerbestattungen, enthalten bronzezeitliche Gräber
Männer- und Fraueninventare, wobei allerdings die Männerbeiga-
ben bei weitem überwiegen. Leider kennen wir aus dem Kreis
Rotenburg insgesamt nur wenige geschlossene Funde. Denn die
Mehrzahl der Gräber wurde bereits von Altertümersammlern und
»Heimatforschern« vor mehr als 60 Jahren ausgeräumt.
In der Periode I gelten bronzene Randleistenbeile, Schwert- und
Dolchklingen vom Typ Sögel und Wohlde und herzförmige Feuersteinpfeilspitzen als typische Beigaben in Männergräbern. In Frauengräber gelangten zu dieser Zeit wohl selten Bronzebeigaben,
denn im Kreis Rotenburg ließen sich Frauengräber bisher nicht
nachweisen. Da sehr viele Gräber jedoch keine Funde enthalten,
können auch Frauenbestattungen, die in der nächsten Periode vorkommen, nicht ausgeschlossen werden. Auch Grabinventare, die
nur Feuersteingeräte enthalten, sind noch recht häufig (Abb. 26).
An den Übergang von Periode I zu Periode II gehört der bekannte

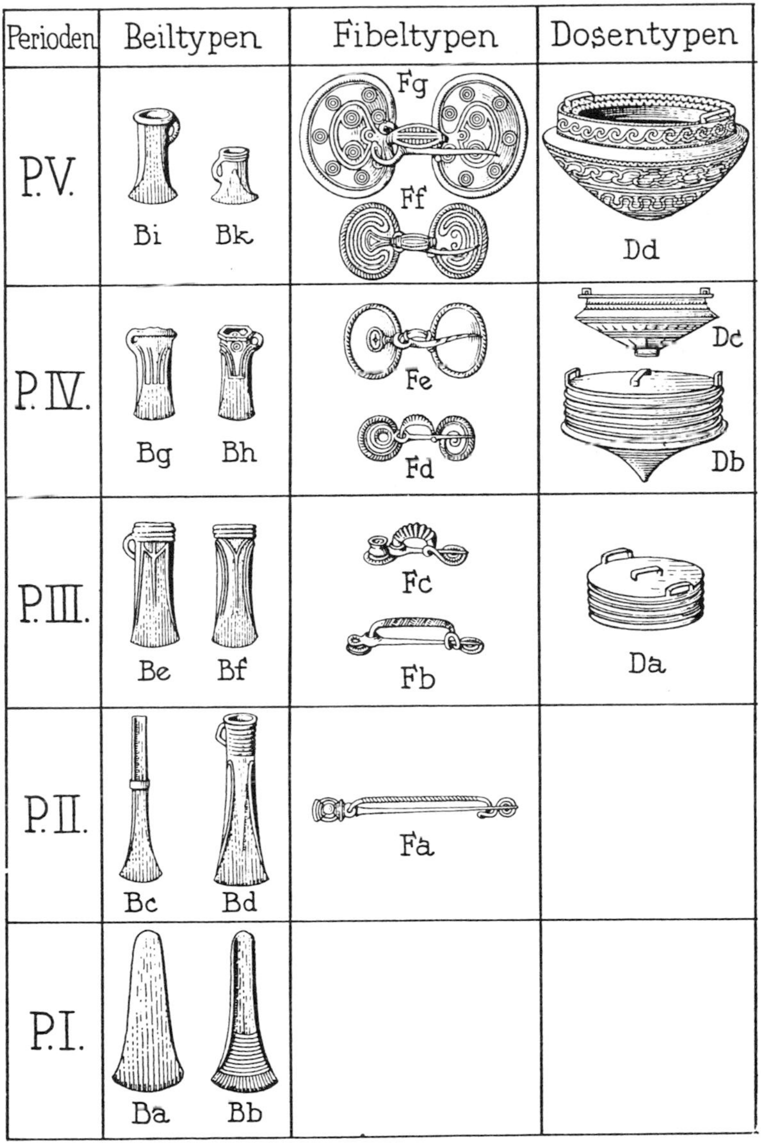

Perioden	Beiltypen	Fibeltypen	Dosentypen
P.V.	Bi Bk	Fg Ff	Dd
P.IV.	Bg Bh	Fe Fd	Dc Db
P.III.	Be Bf	Fc Fb	Da
P.II.	Bc Bd	Fa	
P.I.	Ba Bb		

Abb. 25   Periodeneinteilung der Bronzezeit anhand typischer Bronzefunde, nach
O. Montelius (nach G. Jacob-Friesen)

71

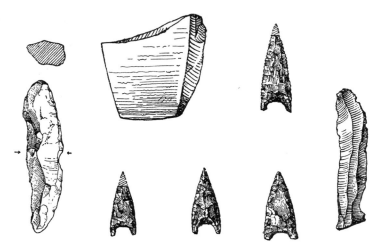

Abb. 26 Beigaben aus Feuerstein in einem bronzezeitlichen Grab von Ostereistedt. – M = 1:2 (nach E. Sprockhoff)

Grabfund von Ehestorf (Abb. 27). Feuersteindolch und Kurz-
schwertklinge vom Typ Sögel sind kennzeichnend für die Periode I, Absatzbeil und Lanzenspitze gehören schon in die Periode II
der Bronzezeit. Zum Fund gehören außerdem noch ein Gürtelha-
ken und ein besonders geformtes Rasiermesser. Schwert, Beil und
Lanzenspitze bilden während der älteren Bronzezeit die kennzeichnenden Waffenbeigaben in Männergräbern.
In der Periode II kommen das Absatzbeil und das Tüllenbeil auf
(Abb. 28). Beide Erfindungen dienen der besseren Schäftung der
Beile, die vorher leicht wie ein Keil den Schaft spalten konnten.
Auch Verzierungen an Absatzbeilen kommen jetzt vor. Das einzeln
aus dem Moor bei Minstedt ausgegrabene Beil ist vielleicht einmal
als Opfer im Moor oder später vermoorten Gewässer versenkt
worden. Fibeln (Gewandspangen) kommen in dieser Stufe auch in
Männergräbern vor, werden in den folgenden Zeitabschnitten jedoch kennzeichnend für die Frauentracht. Aus wenigen Frauengräbern stammen Bruchstücke von Bronzeschmuck, so ein Bronze-
halskragen von Ostereistedt und Stücke eines gerippten Armreifs

72

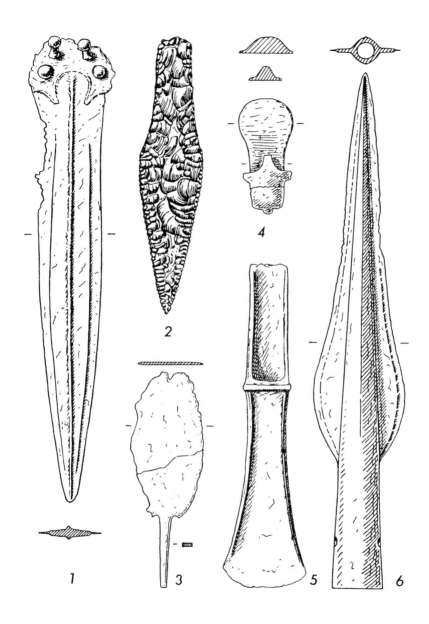

Abb. 27 Geschlossener Grabfund aus dem Übergang von Periode I zu II aus
Ehestorf. – M = 1 : 2 (nach G. Jacob-Friesen)

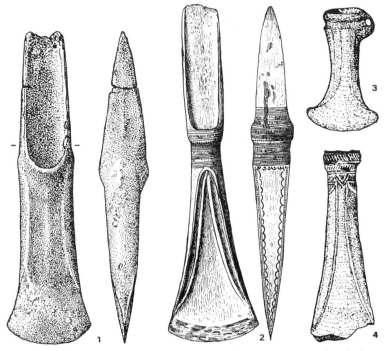

Abb. 28 Bronzene Beile der älteren und mittleren Bronzezeit; 1 Absatzbeil aus Tarmstedt, 2 Absatzbeil aus Minstedt, 3 Tüllenbeil aus Meinstedt, 4 Tüllenbeil aus Hetzwege. – M = 1:2

aus Badenstedt. Jeweils eine Armspirale aus Bronzedraht stammt aus Rockstedt und Reeßum (Abb. 29). In den Übergang zu Periode III gehören Reste einer Haarknotenfibel, die R. Dehnke in einem Brandgrab auf der Gilkenheide bei Schwitschen fand (s. S. 229, Abb. 122). Wenn wir die Anzahl der Bronzegegenstände zugrunde legen, muß die Bronzekultur in Norddeutschland in der II. Periode ihre größte Entfaltung erreicht haben. Aus der Periode III kennen wir schon bedeutend weniger Funde. Aus Frauengräbern stammen nur zwei Halsringe von Sittensen und Visselhövede und ein Armring als Einzelfund aus Drögenbostel. Auch

Abb. 29 Bronzene Armspirale aus Reeßum (zeichnerisch ergänzt). – M = 3:4

aus Männergräbern kennen wir nicht viele Beigaben. In einem Grab bei Weertzen fand sich eine Lanzenspitze. Ferner gehört das Brandgrab von Farven, das im folgenden beschrieben wird, in diesen Zeitabschnitt.

In der mittleren Bronzezeit (Periode III) trat mehrfach bereits Leichenverbrennung auf. Vereinzelt kam die Brandbestattung seit der Jungsteinzeit vor. Dabei fanden meist noch nicht Tongefäße als Urnen Verwendung. Während der mittleren Bronzezeit nahm die Sitte langsam zu, wobei die verbrannten Gebeine (Leichenbrand) innerhalb der Steinsetzungen, die bisher die Baumsärge umgaben, der Länge nach ausgestreut wurden. In einem Grabhügel bei Schwitschen (s. S. 229f.) lag in einer länglichen Steinpackung, wie sie für Baumsarggräber üblich war, Leichenbrand in einem Häufchen zusammen. Eine mitverbrannte Fibel datiert die Bestattung in die Übergangszeit zwischen Periode II und III der Bronzezeit. In der Gemarkung Farven entdeckte der Bauer Chr. Witten im Jahre 1932 ein Grab dieser Art auf dem Hanfberg. Innerhalb einer Steinsetzung von 1 × 0,5 m Ausdehnung (Abb. 30) waren die verbrannten Knochen ausgestreut, als wenn eine Körperbestattung

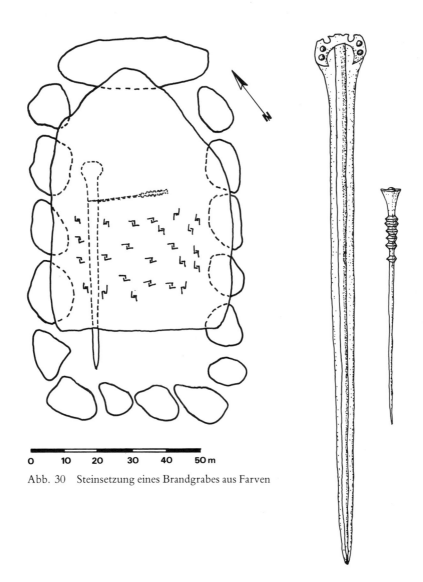

Abb. 30 Steinsetzung eines Brandgrabes aus Farven

Abb. 31 Grabbeigaben des Brandgrabes aus Farven. – M = 1:4

vorgenommen worden wäre. In »Brusthöhe« lag als Beigabe eine Gewandnadel, so schräg, wie sie zum Halten des Mantels beim Lebenden verwendet worden wäre. In »Hüfthöhe« fand sich das Bronzeschwert mit der Spitze zum »Fußende« (Abb. 31). Zwei Drittel der Steinsetzung bedeckte eine große flache Steinplatte. Hier zeigt sich offensichtlich eine langanhaltende Tradition aus der Zeit der Megalithgräber in den beiden benachbarten Gemarkungen Farven und Fehrenbruch. Dort finden sich Großsteingräber der Trichterbecherkultur, ein frühes Steinkistengrab, das noch Funde der Trichterbecherkultur enthielt, und ein spätes Steinkistengrab mit einem Tongefäß der Periode II der Bronzezeit (s. S. 153 ff.) und schließlich die von einer Steinplatte bedeckte Rollsteinsetzung in der Periode III, deren Leichenbrandbestattung bereits den Übergang zur jüngeren Bronzezeit andeutet.

H. Müller-Brauel hat mehrfach Pfostensetzungen um die Hügel, aber auch innerhalb der Hügel beobachtet. Zu seiner Zeit ist verschiedentlich bezweifelt worden, ob seine Beobachtungen in allen Fällen zutreffen. Doch sind Pfahlsetzungen inzwischen auch wiederholt von anderen Forschern beobachtet worden, so von J. Deichmüller in Tarmstedt (Abb. 32).

Die Zeichnung von S. Schröder nach den Unterlagen Müller-Brauels gibt den Befund eines Grabes von Heeslingen wieder, das Müller-Brauel im Beisein von C. Schuchardt untersucht hat (Abb. 33). Der beigabenlose Hügel lag neben einem weiteren mit Funden der Einzelgrabkultur. Aus der dreifachen Pfostenreihe um das zentrale Grab sowie der Öffnung dieser Reihe nach Osten möchte der Ausgräber auf einen Kuppelbau mit Eingang schließen. Ein sehr ähnlicher Befund aus Lavenstedt (Abb. 33) sollte nach Müller-Brauel wohl aufgrund der Steinsetzung bronzezeitlich sein. Beide Anlagen waren beigabenlos. In beiden Fällen sollen sich im Bereich des »Eingangs« zwei breite, liegende Balken über mehreren Pfosten befunden haben.

Sind auch die gutdokumentierten Grabfunde im Kreisgebiet selten, besitzen wir doch Kenntnis einer großen Anzahl von Einzelfunden. Das sind vor allem Absatzbeile und einige Tüllenbeile der Perioden II bis V. Die meisten werden aus früher durchwühlten Grabhügeln

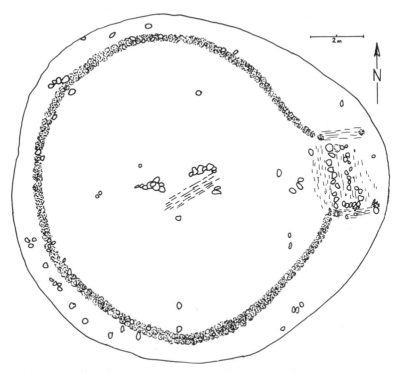

Abb. 32   Grabhügel bei Tarmstedt. Umlaufender Ringgraben mit enggesetzter Doppelreihe von Pfostenverfärbungen und hölzerner Grabkammer (nach J. Deichmüller)

stammen oder aus Hügeln, die im Laufe der Zeit in Ackerland verpflügt worden sind. Da vor allem die größten Grabhügel, die erfahrungsgemäß mehr Beigaben enthielten, in alter Zeit durchgraben worden sind, werden heute nur noch in Ausnahmefällen Bronzefunde bei Ausgrabungen ans Tageslicht gelangen. Wenn das der Fall ist, sind solche Funde natürlich von besonderer Bedeutung für die Forschung. Wir müssen aber davon ausgehen, daß die Funde, die bereits in Museen und Sammlungen liegen, kaum noch vermehrt werden können.

Abb. 33   Ringförmige Pfostensetzungen in Grabhügeln; 1 Heeslingen; 2 Lavenstedt (nach H. Müller-Brauel)

78

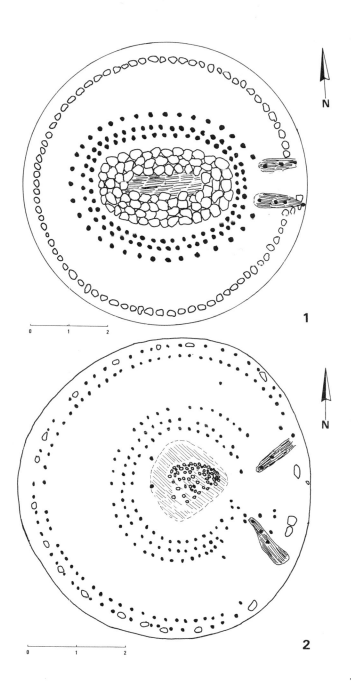

1

2

79

Literaturauswahl:
Spätneolithische Becherkulturen: W. D. Asmus, Gräber der nordwestdeutschen Einzelgrabkultur von Helvesiek, Krs. Rotenburg. Germania 32, 1954, S. 176. – Ders., Ein urgeschichtlicher Weg von Nordjütland nach Niedersachsen, sein Verlauf zwischen Oste und Wümme und seine Datierung durch die Ausgrabung von Helvesiek, Krs. Rotenburg. Die Kunde 4, 1949, S. 28 ff. – K. H. Brandt, Studien über steinerne Äxte und Beile der jüngeren Steinzeit und Stein-Kupfer-Zeit Nordwestdeutschlands (1967). – J. Deichmüller, Drei Glockenbecher von Westertimke, Krs. Bremervörde. Nachr. aus Nieders. Urgeschichte 35, 1966, S. 50 ff. – Ders., Steinzeitliche Grabhügel bei Unterstedt. Rotenburger Schriften 10, 1959, S. 49 ff. – Ders., Ein geschweifter Becher mit Henkel. Nachr. aus Nieders. Urgeschichte 29, 1960, S. 35 ff. – G. Jacob-Friesen, Ein Hügelgräberfeld der Einzelgrabkultur bei Neuenbülstedt, Krs. Bremervörde. Germania 36, 1958, S. 167 ff. – K. H. Jacob-Friesen, Einführung in Nieders. Urgeschichte I. Steinzeit (1959[4]). – H. Müller-Brauel, Der »Hexenberg« am Wege Brauel-Offensen, Krs. Zeven. Mannus 1, 1909, S. 262 ff. – Ders., Vorgeschichtliche Funde und Grabungen im Kreise Zeven, Prov. Hannover. Mannus 18, 1926, S. 167 ff. – Ders., Das Haus der Toten. Holzbauten in stein- und bronzezeitlichen Grabhügeln. Germanien 1933, S. 275 ff. – Ders., Ein steinzeitlicher Grabhügel mit Ringgraben, Palisadenwand und Holzpfahlzaun zu Meinstedt, Krs. Zeven. Jahrbuch der Männer vom Morgenstern 26, 1933–34, S. 169 ff. – K. Stegen, Die Glockenbecherkultur in Nordwestdeutschland. Nachr. aus Nieders. Urgeschichte 16, 1942, S. 46 ff. –
Frühe und ältere Bronzezeit: E. Aner, Grab und Hort. Ein Beitrag zur Deutung der altbronzezeitlichen Hortsitte. Offa 15, 1956, S. 31 ff. – J. Bergmann, Die ältere Bronzezeit Nordwestdeutschlands (1970). – A. Cassau, Drei bronzezeitliche Grabfunde in den Kreisen Stade und Bremervörde. Nachr. aus Nieders. Urgeschichte 7, 1933, S. 54 ff. – R. Hachmann, Die frühe Bronzezeit im westlichen Ostseegebiet und ihre mittel- und südosteuropäischen Beziehungen (1957). – G. Jacob-Friesen, Bronzezeitliche Lanzenspitzen Norddeutschlands und Skandinaviens (1967). – K. H. Jacob-Friesen, Einführung in Nieders. Urgeschichte II. Bronzezeit (1963[4]). – K. Kersten, Zur älteren nordischen Bronzezeit (1935). – F. Laux, Die Bronzezeit in der Lüneburger Heide (1971). – Ders., Die Nadeln in Niedersachsen. Prähistorische Bronzefunde Abt. XIII Bd. 4 (1976). – Ders., Die Fibeln in Niedersachsen. Prähistorische Bronzefunde Abt. XIV Bd. 1 (1973). – W. Nowothnig, Der frühbronzezeitliche Grabfund von Ehestorf, Krs. Bremervörde. Die Kunde N. F. 9, 1958, S. 152 ff. – H. Potratz, Frühbronzezeitliche Hügelgräber in Offensen, Gde. Heeslingen. Die Kunde 8, 1940, S. 16 ff. – E. Sprockhoff, Niedersachsens Bedeutung für die Bronzezeit Westeuropas. Berichte der Römisch-German. Kommission 31, 1941, 1 ff. – Ders., Nordische Bronzezeit und frühes Griechentum (erweiterte Fassung). Bremer archäologische Blätter 3, 1962, S. 27 ff. – K. Tackenberg, Zum bronzezeitlichen Formenkreis an der Ilmenau und Niederelbe. Nachr. aus Nieders. Urgeschichte 18, 1949, S. 3 ff. – W. Ziegert, Zur Chronologie und Gruppenbildung der westlichen Hügelgräberkultur (1963).

Jüngere Bronzezeit und frühe Eisenzeit

Von der Periode IV an rechnen wir die jüngere Bronzezeit. Jetzt hat sich die Leichenverbrennung völlig durchgesetzt. Waren vorher Brandbestattungen in Särgen ausgestreut oder als Leichenbrandhäufchen zu finden, kommen nun überwiegend Urnenbestattungen vor. Die Keramikherstellung hat in großem Umfang wieder eingesetzt. Auch Siedlungsplätze lassen sich anhand der Tonscherben feststellen, wenn auch Pfostenbauten aus der Periode IV nicht nachgewiesen werden konnten. Im Landkreis Rotenburg fanden noch keine Siedlungsausgrabungen statt. Den Urnen sieht man vielfach an, daß sie bereits benutzte, gelegentlich sogar beschädigte Gebrauchsgefäße waren, ehe sie als Graburnen Verwendung fanden. Daneben gelangten sicherlich auch Behälter aus Holz, Korbgeflecht oder Leder in die Gräber. Denn häufig finden wir Leichenbrandbeisetzungen ohne Tongefäß in den Grabgruben, die jedoch so kompakt liegen, daß ein vergangenes Gefäß vorauszusetzen ist. Zahlreiche Urnen sind mit einem Steinschutz versehen (Abb. 34). Dabei können regelrechte »Steinkisten« aus flachen Steinen rings

Abb. 34 Urnengrab der Wessenstedt-Stufe mit Steinschutz aus Bötersen. –
M = 1:6

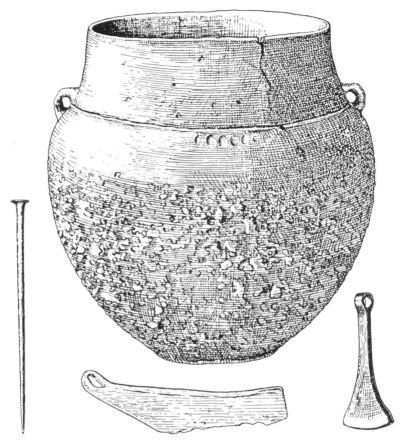

Abb. 35 Spätbronzezeitliches Urnengrab aus Lüdingen; Urne M = 1 : 4,
Beigaben M = 1 : 2 (nach G. Jacob-Friesen)

um das Tongefäß gesetzt sein, aber auch eine Umfütterung mit
kleinen Rollsteinen. In beiden Fällen war es üblich, einen flachen
Stein als Unterlage und einen zweiten als Abdeckung zu verwen-
den. Der Deckstein kann auch zugleich als Deckel für die Urne
benutzt worden sein. Ebenso häufig finden wir aber auch Tonscha-
len als Abdeckung über die Grabgefäße gestülpt. Jungbronzezeitli-

Abb. 36   Gesichtsurne aus Wohlsdorf. – M etwa 1 : 4

che Tongefäße sind im allgemeinen von ocker- bis dunkelbrauner Färbung und tragen selten Ritzverzierungen. Ihre Form ist terrinenförmig oder bauchig mit hohem steilen, annähernd zylindrischem Hals (Abb. 35). Viele der Töpfe besitzen zwei gegenständige Ösenhenkel. Eine besondere Form bilden »Gesichtsurnen«. Sie zeigen eine stark stilisierte Gesichtsdarstellung, bei der der Henkel die Nase bildet, zwei plastische Wülste wie Augenbrauen, gelegentlich noch eingeritzte Linien die Mundpartie (Abb. 36). Man nimmt an, daß diese Gesichtsdarstellung mit den Masken an romanischen Kirchen oder den Gesichtern an Bienenkörben zu vergleichen sind, die böse Geister abschrecken sollten.
Grabbeigaben sind selten in den Urnen zu finden. Vor allem kommen Bronzegegenstände in Männergräbern vor. Sie bestehen vielfach aus Gewandnadel, Bartpinzette, Rasiermesser und kleinen

1   **2**   **3**

Abb. 37 1–12 Beigaben eines Grabfundes von Alfstedt. 1–3 M = 1:3,
4–12 M = 1:2 (nach G. Jacob-Friesen)

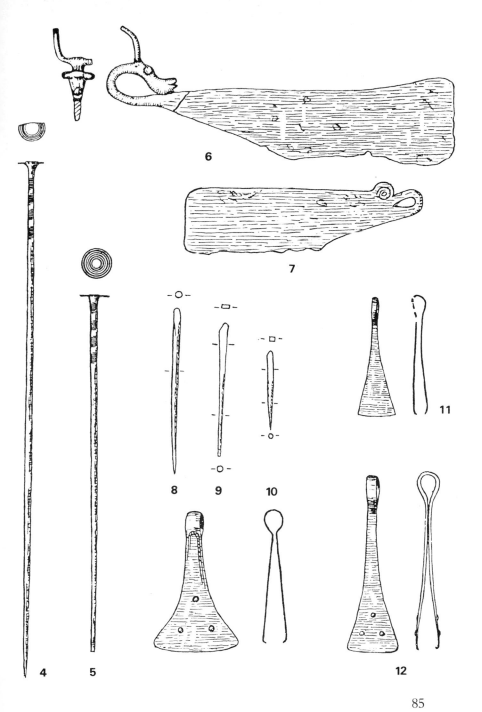

4   5   6   7   8   9   10   11   12

85

griffelartigen, spitzen Stäben, die man für Tätowierstifte oder Pfrieme hält. Ein besonders reicher Grabfund kam bei Alfstedt zutage (Abb. 37). Leichenbrand und Beigaben lagen ohne Urne in einer kleinen Steinpackung. Es waren drei Pinzetten, drei Pfrieme, drei Miniaturschwerter, zwei Rasiermesser und zwei Gewandnadeln. In diesem Grab, das einzeln in 125 und 220 m Entfernung von zwei Urnenfriedhöfen lag, muß eine Person bestattet gewesen sein, die auch im Leben eine Sonderstellung eingenommen hatte. Man kann aber auch an eine Dreifachbestattung denken. Leider ist der Leichenbrand nur unvollständig geborgen und nicht anthropologisch untersucht worden.

Frauenbeigaben kommen in den Brandgräbern fast gar nicht vor. Dagegen kennen wir Frauenschmuck aus Hort- oder Depotfunden. Schmuckgarnituren wie eine Plattenfibel und ein Gürtelbukkel aus Oerel (Abb. 38) sind vielleicht als Selbstausstattung für das Jenseits vergraben worden (s. S. 69). Das kann auch für den reichen Hort von Deinstedt zutreffen. In 75 cm Tiefe lagen 43 Gegenstände (Abb. 39). Die Schmuckstücke stammen aus der Periode V des Nordischen Kreises. Es sind ein bronzenes Hängebecken, Bruchstücke eines zweiten verzierten Hängebeckens, ein Gürtelbuckel, Bruchstücke einer Plattenfibel, eine Armstulpe, Armspiralen, verschiedene Halsringe und mehrere Arm- und Beinringe.

Urnengräber der jüngeren Bronzezeit liegen in Friedhöfen ganz unterschiedlicher Größe zusammen. Die Gräberfelder schließen fast alle an Hügelgräber an und deuten auf das Fortbestehen der Siedlungs- und Bestattungsgemeinschaften (Abb. 40). Handelt es sich um große Hügelgräberfelder wie z. B. bei Bötersen, sind auch die Urnenfriedhöfe entsprechend groß. Bei kleinen Grabhügelgruppen finden sich meist nur wenige Urnengräber im Mantel der Hügel eingesetzt und neben den Hügeln. In den Gemarkungen Waffensen, Bötersen und Rotenburg befand sich früher eine lange Reihe mit weit mehr als den 33 noch nachgewiesenen Hügelgräbern, die sämtlich der Landkultivierung und militärischen Übungs- und Baumaßnahmen zum Opfer gefallen sind. Auf dem in Abbildung 41 wiedergegebenen Plan fehlt bereits die Fortsetzung der Hügelkette im östlichen Bereich, der seit dem letzten

Abb. 38   Hortfund von Oerel; Gürtelbuckel, Gürteldose und Plattenfibel aus
Bronze. – M = 2:3 (nach E. Sprockhoff)

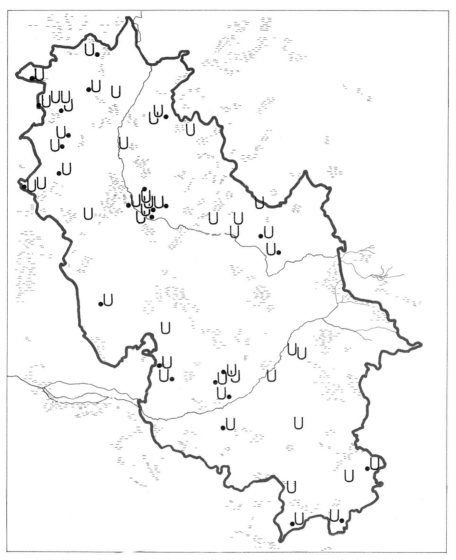

Abb. 40   Verbreitung der Urnenfriedhöfe der jüngeren Bronzezeit im Landkreis
Rotenburg. U = Urnenfriedhof ● Lage im Anschluß an ältere Grabhügel

Abb. 39   Hortfund mit reichem Frauenschmuck aus Deinstedt

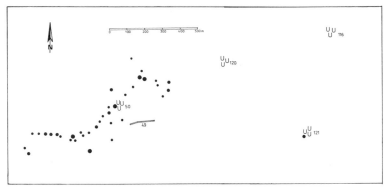

Abb. 41   Fundplätze zwischen Bötersen und Rotenburg-Luhne. ● Grabhügel,
━━ Feuerstellenreihe, U Urnenfriedhof

Jahrhundert als militärischer Übungsplatz gedient hat. Sämtliche
Grabhügel sind leider ohne Untersuchung zerstört worden. Einzelfunde aus dem Bereich der abgetragenen Hügel stammen aus dem
Zeitraum von der Einzelgrabkultur bis zur Periode III der Bronzezeit. An einen der größten Hügel schloß sich der Urnenfriedhof mit
Bestattungen der jüngeren Bronzezeit an. In Abständen von je
600 m nach Osten lagen zwei weitere Urnenfelder derselben Zeitstellung. Ein viertes Urnenfeld lag 700 m südlich der beiden vorge-
nannten. An dieser Stelle ist auch ein Grabhügel vorhanden gewesen, sicherlich nicht der einzige. Das Gelände dient heute als Flug-
platz und wurde durch Aufschüttung bis zu 2 m erhöht. Nach
Westen folgten ebenfalls Urnenfriedhöfe im Anschluß an Grabhügel der Gemarkung Waffensen. Man möchte annehmen, daß hier
die Friedhöfe mehrerer Siedlungseinheiten parallel zu einem Verkehrsweg in dichter Nachbarschaft gelegen haben. Lediglich aus
dem Urnenfriedhof mit der Fundplatz-Nr. 50 sind Gräber aus
mehreren Fundbergungen und Ausgrabungen seit 1928 vorhanden. Als in diesem Bereich seit 1966 Sportanlagen gebaut wurden,
nahm der Fabrikant K. Machunsky in seiner Freizeit mit äußerster
Mühe und großer Sorgfalt Flächenabdeckungen vor. Nach seinen

90

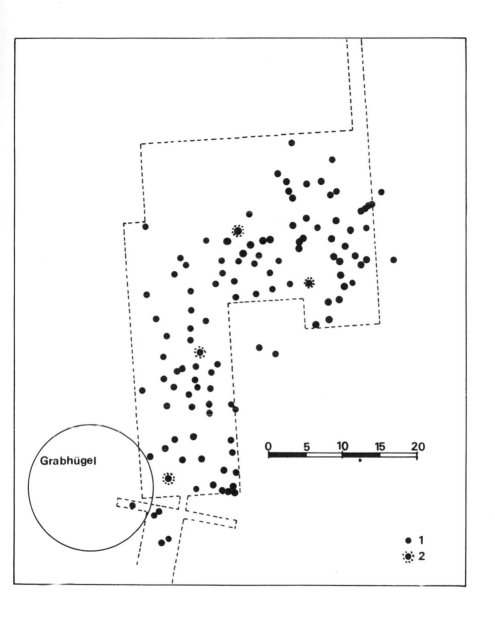

Grabhügel

0   5   10   15   20

● 1
☀ 2

Abb. 42   Urnenfriedhof Bötersen 50 m im Anschluß an Grabhügel Nr. 22;
1 Urnengräber, 2 Urnen mit Steinschutz (nach K. Machunsky)

91

Unterlagen ist der Plan Abb. 42 erstellt. Die Grenzen des Friedhofs sind nur im Nordwesten erreicht. Insgesamt konnten rund 100 Urnengräber geborgen werden. Nach grober Durchsicht der z. T. noch seit der Ausgrabung verpackten Funde handelt es sich um Urnengräber der Perioden IV bis V der Bronzezeit (Abb. 43). Grabbeigaben sind kaum vorhanden.

Wie es oft geschieht, brachte der Zufall in der Nähe des Urnen-friedhofs Nr. 50 von Bötersen einen bisher einmaligen Befund ans Tageslicht. Bei Bauarbeiten wurden im Jahre 1966 mehrere Feuer-stellen entdeckt, die schließlich zur Ausgrabung einer langen gera-den Reihe von insgesamt 51 gleichartigen Herdgruben auf 140 m Länge führten (Abb. 44, 45).

R. Dehnke konnte im Westen den Abschluß dieser Reihe finden, während er annehmen mußte, daß sie sich nach Osten noch fort-setzt. Die einzelnen Gruben sind von 1,21 bis 1,93 m lang und

Abb. 43   Urnen der jüngeren Bronzezeit aus Bötersen. – M etwa 1 : 4

haben jeweils 0,5 bis 1,4 m Abstand voneinander. R. Dehnke wies besonders auf eine Systematik in den Maßen hin. Es waren rechtekkige bis langovale Gruben von 35 bis 75 cm Tiefe in die alte Oberfläche eingegraben. In ihnen hatte man große Feuer mit Eichenholz abgebrannt, die noch während des Glühens mit Feldsteinen abgedeckt worden waren. Dabei wurden die Steine einer starken Hitze ausgesetzt, daß sie sich z. T. spalteten und an der Oberfläche mürbe wurden. Abgesehen von kleinen Tonscherben, die vielleicht bronzezeitliches Alter haben, enthielten die Gruben keinerlei Funde. Radiocarbondatierungen ergaben ein Alter von 820 ± 70 v. Chr. und ein zweites von 790 ± 70 v. Chr. Bei Flächenabdeckungen in der Umgebung zeigte sich, daß die Feuerstellen zu keiner Siedlung gehören können. So ist eine kultische Bedeutung im Zusammenhang mit dem Gräberfeld anzunehmen. In dem sehr kleinen spätbronzezeitlichen Friedhof von Barchel (s. S. 95 ff.) la-

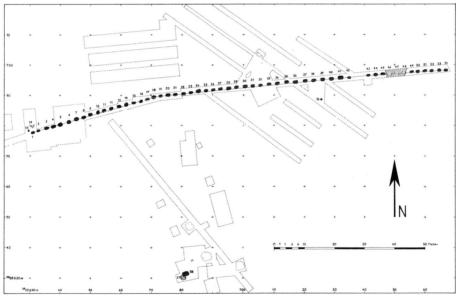

Abb. 44   Kultfeuerstellenreihe südlich des Gräberfeldes Bötersen (nach R. Dehnke)

Abb. 45   Teil der Feuerstellenreihe von Bötersen während der Ausgrabung (nach R. Dehnke)

gen zwei Feuergruben derselben Art. Aufgrund der isolierten Lage des Urnenfriedhofs Barchel und direkten Einbettung der Feuerstellen in das Gräberfeld steht dort der Zusammenhang fest. Die Deutung der Anlagen bleibt vorerst noch schwierig. Um Leichenverbrennungsplätze kann es sich kaum handeln; denn es ließ sich keine Spur verbrannter Knochen erkennen. Die schnurgerade Ausrichtung in einer Reihe deutet auf einen geringen Zeitabstand, wenn nicht gleichzeitige Benutzung der Anlagen. Aus den 14-C-Daten für die 1. und 30. Grube können wir nicht auf einen Zeitunterschied schließen. Der Spielraum der Daten läßt auch Gleichzeitigkeit offen.

Der Aufmerksamkeit und dem Interesse des örtlichen Lehrers J. Linkersdörfer verdanken wir die Kenntnis eines vollständigen, noch nicht gestörten kleinen Urnenfriedhofs in der Feldmark Barchel. Die ersten Funde kamen 1969 nach Kultivierung einer kleinen Ödlandfläche zum Vorschein. Einige Jahre später nahm A. Lucke die sorgfältige Untersuchung vor. Auf einem in das Geestetal vorspringenden Geestrücken mit steilem Abfall in die Flußniederung liegt eine kleine Anhöhe, die bis auf einen schmalen Zugang rings von Niederung oder Moor umgeben ist. Auf der Fläche breitete sich der kleine Friedhof mit 24 Urnengräbern in lockerer Streuung aus (Abb. 46). Dazwischen befanden sich drei Rollsteinpflaster, darunter eines offensichtlich als Abdeckung über einem Urnengrab. Ferner befanden sich innerhalb des Friedhofs zwei länglich ovale Feuergruben. Neben jeder der Feuergruben lag eine kleine mit grauem Feinsand gefüllte Grube, die nach stratigraphischen Befunden mit der Feuergrube in Zusammenhang stehen muß. Außerdem gab es drei Füllgruben, wie sie auch in jungbronzezeitlichen Friedhöfen des Landkreises Cuxhaven beobachtet worden sind. Am nördlichen Friedhofsrand ließ sich eine kreisrunde Feuerstelle freilegen, an der aufgrund umfangreicher Holzkohlereste ein starkes Feuer gebrannt haben muß. Die Gräber gehören nach einer Reihe von Metallbeigaben wie Pinzetten, Rasiermessern und Gewandnadeln in die Stufen IV und V der Bronzezeit und reichen noch in die Periode VI, die bei uns im allgemeinen bereits zur Eisenzeit gerechnet wird (Stufe von Wessenstedt). Die anthro-

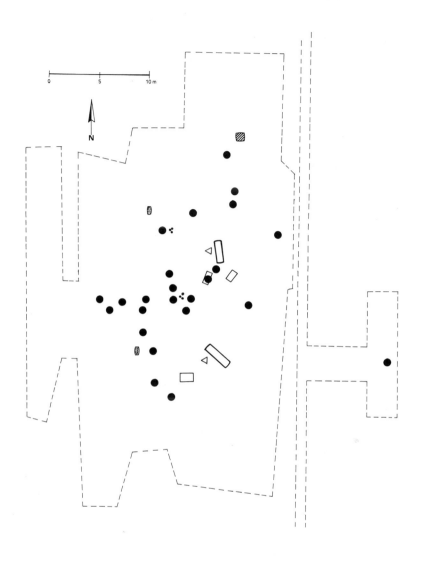

Abb. 46 Barchel – Katrepelsmorr. Plan des kleinen Urnenfriedhofs der späten Bronzezeit. ● Urne, ⁂ Steinkonzentration ▧ Füllgrube Δ Feinsandgrube ▨ Feuerstelle □ Steinpflaster ⬭ Feuergrube (nach A. Lucke)

pologische Untersuchung ergab vier Männergräber, zwei Frauengräber, fünf von Jugendlichen und acht von Kindern. Zwei Gräber
waren nicht bestimmbar, zwei waren nicht untersucht worden.
Aus dem Befund läßt sich besser als an allen bisher ausgegrabenen
Friedhöfen erkennen, daß wir nach Kenntnis der verschiedenen
Pflasterungen, Feuerstellen und Gruben mit vielseitigen Bestat-
tungsbräuchen zu rechnen haben. Aus der Anzahl der Gräber können wir auf eine kleine Siedlungsgemeinschaft in Form einer Familie schließen, die mit Beginn der jüngeren Bronzezeit hier einen
neuen Friedhof anlegte, der wenige Generationen benutzt wurde.
Nahezu alle Gräberfelder der jüngeren Bronzezeit sind im Kreis
Rotenburg bis in die Zeitstufe von Wessenstedt belegt. Wir sind
gewohnt, diese Stufe bereits der Eisenzeit zuzurechnen, während
sie in Skandinavien noch als Stufe VI zur Bronzezeit zählt. Die
Gräber der Wessenstedt-Stufe finden wir sowohl als Nachbestattungen in älteren Grabhügeln als auch in Urnenfeldern der jüngeren Bronzezeit. An einigen Orten wurde jedes Urnengrab mit
einem kleinen flachen Grabhügel versehen, der meist eine pflaster-
artige Feldsteinabdeckung erhielt. Nach älteren Berichten gab es
mehrere Friedhöfe mit kleinen Grabhügeln dieser Zeitstufe im
Landkreis. Eine Gruppe sehr kleiner Hügel bei Heeslingen und die
kleinen Buckel des Grabhügelfeldes »Steinahlkenheide« bei Badenstedt (s. S. 189f.) gehören vermutlich ebenfalls dazu. Vielfach enden die Friedhöfe der jüngeren Bronzezeit mit der Wessenstedt-
Stufe. Auch ein späterer Wandel in Form und Brenntechnik der
Tonware spricht dafür, diese Stufe noch der jüngeren Bronzezeit
zuzurechnen.
Auf die frühe Eisenzeit (Stufe von Wessenstedt) folgt die ältere
vorrömische Eisenzeit (Jastorf-Stufe). Ein Bruch in der Besiedlung
oder Bevölkerungsentwicklung ist für den Beginn der Jastorf-Zeit
nicht anzunehmen. Von den 38 Gräberfeldern der älteren Eisenzeit
im Landkreis schließen acht direkt an jüngerbronzezeitliche Urnenfriedhöfe an. Einige liegen an Plätzen, von denen wir bisher
keine bronzezeitlichen Funde kennen (Abb. 47). Umgekehrt fehlen von 21 Gräberfeldern der jüngeren Bronzezeit bisher eisenzeitliche Funde. Wahrscheinlich ist die Anzahl der durchgehend beleg-

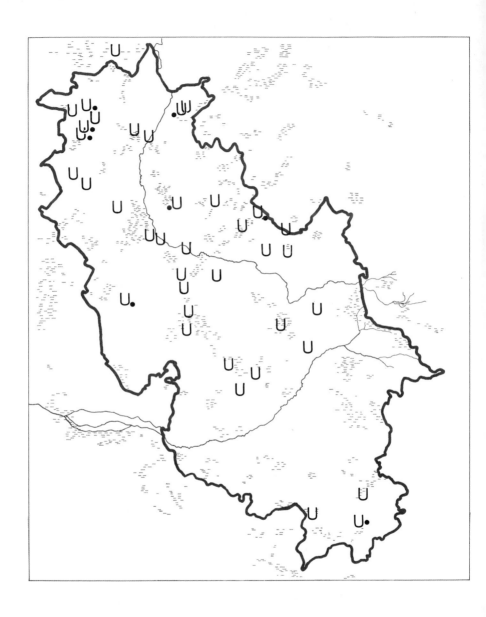

Abb. 47 Verbreitung der Urnenfriedhöfe der älteren vorrömischen Eisenzeit;
U eisenzeitlicher Urnenfriedhof, ● zugleich mit spätbronzezeitlichen Gräbern

ten Friedhöfe noch größer; denn kein Gräberfeld und keine Siedlung ist systematisch ausgegraben. Von den meisten bekannten Fundplätzen liegt uns nur eine Auswahl von Zufallsfunden vor. Viele Befunde sind den Kultivierungen und Baumaßnahmen älterer und neuerer Zeit zum Opfer gefallen. Die ältere Eisenzeit kennt nur noch Brandbestattung. Gelegentlich treffen wir noch flache Hügel mit Steinabdeckungen an, im übrigen Urnengräber unter flachem Boden. H. Müller-Brauel berichtet von einem eisenzeitlichen Urnengräberfeld bei Lavenstedt, das neben flachen Steinabdeckungen auch aufrecht stehende Steine als Grabmarkierungen besessen hat (Abb. 48). Als Graburnen ver-

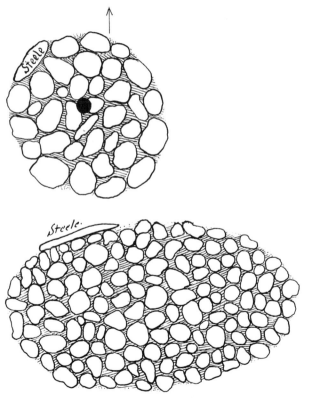

Abb. 48 Steinpflasterungen mit Grabstelen über kleinen spätbronzezeitlichen Grabhügeln bei Lavenstedt (nach H. Müller-Brauel)

wendete man überwiegend grob gebrannte Haushaltskeramik und große Vorratsgefäße (Abb. 49). An Grabbeigaben kommen kleine Beigefäße in den Urnen vor, eiserne halbmondförmige Rasiermesser, Pinzetten, verschiedene Nadeln mit gekröpftem Schaft und verschiedene Ohrringformen. Keiner der Urnenfriedhöfe im Landkreis hat bisher mehrere Funde aus der Ripdorfstufe geliefert. Ein einzelnes Urnengrab stammt von einem Gräberfeld der älteren Eisenzeit in Barchel. Es enthielt als Beigabe eine Frühlatènefibel. Eine Marzabottofibel im Museum Lüneburg kommt aus Visselhövede ohne genauere Fundortangabe (Abb. 50). Beide einzelnen Stücke wurden am nördlichen und südöstlichen Rand des Kreisgebietes gefunden. Bisher ließ sich noch nicht entscheiden, ob uns bestimmte Fund- und Grabgruppen bisher unbekannt geblieben sind, oder ob wir es mit einer Abwanderung des Hauptteils der Bevölkerung zu tun haben. Dieselbe Erscheinung beobachten wir auch im Landkreis Osterholz und im südlichsten Teil des Kreises Cuxhaven. Im übrigen Umkreis ist die mittlere vorrömische Eisenzeit voll nachweisbar. Da in dieser Zeit die Besiedlung der Seemarschen an der Nordseeküste einsetzt, können wir auch eine Abwanderung großer Bevölkerungsteile von hier in die fruchtbare Marschenzone in Erwägung ziehen.

Für die späte vorrömische Eisenzeit (Stufe Seedorf) ändert sich die Fundlage nicht. Aus dem Kreis Rotenburg liegen wiederum nur wenige Funde vor. Sowohl im Küstengebiet als auch in den benachbarten Kreisen Harburg und Stade läßt sich die allgemeine Kulturentwicklung schon deutlicher fassen. Dort zeigen sich kulturelle Veränderungen, die wohl mit der Herausbildung der germanischen Stämme zusammenhängen, von denen uns bald danach die antiken Schriftsteller berichten. Im nördlichen Elbe-Weser-Dreieck lassen sich anhand der Funde enge Beziehungen zum westholsteinischen Gebiet erkennen. Der Raum östlich der Osteniederung, insbesondere südlich der Stader Geest, zeigt sowohl Verbindungen nach Ostholstein als auch zu den Landschaften an der mittleren Elbe. Im Kreis Rotenburg kennen wir nur wenige Einzelfunde aus der Umgebung von Bremervörde, die vermutlich mit dem nördlich anschließenden Siedlungsraum zu verbinden sind.

Abb. 49   Eisenzeitliches Urnengrab aus Groß Meckelsen nach einer kolorierten
Zeichnung aus dem Jahre 1919

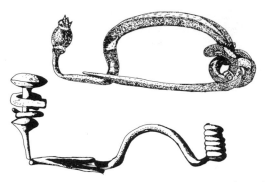

Abb. 50   Fibeln der jüngeren vorrömischen Eisenzeit. 1 Spätlatènefibel aus Barchel, 2 Marzabotto-Fibel aus Visselhövede. – M etwa 1 : 1

In Groß Meckelsen bei Sittensen, am östlichsten Rand des Kreisgebietes, ist durch Oberflächenfunde ein Siedlungsplatz bekannt, der
neben Funden der älteren römischen Kaiserzeit auch Scherben der
spätesten vorchristlichen Eisenzeit enthält. Das entspricht ganz den
Befunden in den Kreisen Harburg und Stade, wo die Belegung der
meisten kaiserzeitlichen Urnenfriedhöfe schon in der späten Eisenzeit einsetzt.

Literaturauswahl:
W. D. Asmus, Zur Siedlungsgeschichte des mittleren und unteren Elbegebiets in
der älteren Eisenzeit. Probleme der Küstenforschung im südl. Nordseegebiet 3,
1942, S. 71 ff. – R. Dehnke, Eine spätbronzezeitliche Kultanlage von Bötersen, Krs.
Rotenburg. In: R. Dehnke, Neue Funde und Ausgrabungen im Raum Rotenburg 1
(1970) S. 117 ff. – J. Deichmüller, Ein bronzezeitlicher Grubenbau bei Volkmarst,
Krs. Bremervörde. Nachr. aus Niedersachsens Urgeschichte 32, 1963, S. 104 ff. –
Ders., Eine jungbronzezeitliche »Lanzette« von Barchel, Krs. Bremervörde.
Nachr. aus Nieders. Urgesch. 38, 1969, S. 119 ff. – Ders. Neue Feuergruben bei
Boitzenbostel, Gemeinde Heeslingen, Krs. Rotenburg/Wümme. Nachr. aus Nie-
ders. Urgesch. 47, 1978, S. 293 ff. – F. W. Franke, Feuergruben an der Oste,
Gemarkung Rockstedt, Krs. Bremervörde. Nachr. aus Nieders. Urgesch. 37, 1968,
S. 147 ff. – R. Grenz, Die Bestattungssitten auf dem jungbronzezeitlichen Urnen-
friedhof von Unterstedt, Krs. Rotenburg/Hann. Rotenburger Schriften Sonderheft
6 (1965) – Ders., Die Grabungsbefunde auf dem jungbronzezeitlichen Urnenfriedhof von Unterstedt, Krs. Rotenburg (W.). Rotenburger Schriften Sonderheft 14
(1970). – H. Gummel, Ein Urnenfriedhof in Visselhövede, Krs. Rotenburg. Stader
Archiv N. F. 15, 1925, S. 27 ff. – Ders., Urnenfriedhöfe und Hügelgräber in

Basdahl. Stader Archiv N. F. 18, 1928, S. 98 ff. – R. Hachmann, Die Chronologie der jüngeren vorrömischen Eisenzeit im nördl. Mitteleuropa und in Skandinavien. Berichte der Röm.-German. Kommission 41, 1960, S. 1 ff. – H. J. Häßler, Zur inneren Gliederung und Verbreitung der vorrömischen Eisenzeit im südl. Niederelbegebiet. Materialhefte zur Ur- und Frühgeschichte Niedersachsens 11 (1976). – G. Jacob-Friesen, Eine reiche Bestattung der jüngeren Bronzezeit aus Alfstedt, Krs. Bremervörde. Nachr. aus Nieders. Urgesch. 27, 1958, S. 48 ff. – Ders., Einführung in Nieders. Urgesch. III. Eisenzeit (1974⁴). – K. H. Jacob-Friesen, Einführung in Nieders. Urgesch. II. Bronzezeit (1963⁴). – F. Laux, Die Fibeln in Niedersachsen. Prähistorische Bronzefunde Abt. XIV Bd. 1 (1973). – Ders., Die Nadeln in Niedersachsen. Prähistorische Bronzefunde Abt. XIII Bd. 4 (1976). – A. Lucke, Die Besiedlung des südl. Niederelbegebiets in der jüngeren Bronzezeit. Dissertation Hamburg (1981). – K. Machunsky, Berichte über die Ausgrabungen auf dem früheisenzeitlichen Gräberfeld von Helvesiek, Krs. Rotenburg. Rotenburger Schriften 16, 1962 und 19, 1963. – Ders., Spätbronzezeitl. Gräberfeld in der Gemarkung Bötersen. In: R. Dehnke, Neue Funde und Ausgrabungen im Raum Rotenburg 1 (1970), S. 113 ff. – H. Müller-Brauel, Die Besiedlung der Gegend zwischen Elbe und Weser in vorgeschichtlicher Zeit. Jahrbuch der Männer vom Morgenstern 9, 1910, S. 58 ff. – Ders., Vorgeschichtliche Funde und Grabungen im Krs. Zeven. Mannus 18, 1926, S. 169 ff. – P. Schmid, Die vorrömische Eisenzeit im nordwestdeutschen Küstengebiet. Probleme der Küstenforschung im südl. Nordseegebiet 6, 1957, S. 49 ff. – R. U. Schneider, Zur Südabgrenzung des Bereichs der nordischen jüngeren Bronzezeit in Periode IV nach Montelius. Dissertation Hamburg (1971). – E. Sprockhoff, Nieders. Depotfunde der jüngeren Bronzezeit (1932). – Ders., Jungbronzezeitliche Hortfunde Norddeutschlands/Periode IV (1937). – Ders., Formenkreise der jüngeren Bronzezeit in Norddeutschland. Nachr. aus Nieders. Urgesch. 14, 1940, S. 45 ff. – Ders., Jungbronzezeitliche Hortfunde der Südzone des Nordischen Kreises/Periode V (1956). – K. Tackenberg, Die Kultur der frühen Eisenzeit in Mittel- und Westhannover. Die Urnenfriedhöfe in Niedersachsen 1, Heft 3/4 (1934). – Ders., Die nordischen Rasiermesser der jüngeren Bronzezeit in Nordwestdeutschland. Archaeologica Geographica 10/11, 1961/1963, S. 7 ff. – Ders., Die jüngere Bronzezeit in Nordwestdeutschland 1. Die Bronzen (1971). – H. T. Waterbolk, Siedlungskontinuität im Küstengebiet der Nordsee zwischen Rhein und Elbe. Probleme der Küstenforschung im südl. Nordseeküstengebiet 13, 1979, S. 1 ff.

Römische Kaiserzeit und
Völkerwanderungszeit

Wir sahen bereits, daß unser Kreisgebiet mit dem Ende der älteren vorrömischen Eisenzeit weitgehend siedlungsleer geworden war. Deshalb müssen wir uns in den Nachbarlandschaften über die allgemeine Entwicklung informieren. Man geht wohl nicht fehl in der Annahme, daß sich die germanischen Stämme schon während der vorrömischen Eisenzeit herausgebildet haben. Im Küstengebiet westlich der Ostenniederung und nördlich des Teufelsmoors sowie im Raum Stade nördlich der Schwinge bis Cuxhaven setzen sich die Gräberfelder der vorrömischen Eisenzeit gleichmäßig in die römische Kaiserzeit fort. Außer Urnen- und Brandschüttungsgräbern finden wir auch Brandgruben ohne Leichenbrandbehälter. Neben weitmündigen terrinenförmigen Urnen sind sog. Trichterschalen und Standfußgefäße für dieses Gebiet kennzeichnend (Abb. 51).

Abb. 51   Urnen der römischen Kaiserzeit aus Hepstedt. –M etwa 1:4

Nach Zeugnis der antiken Schriftsteller saß im 1. Jahrhundert n. Chr. der Großstamm der Chauken an der Nordseeküste von der Ems bis an die Elbe, vielleicht auch noch nördlich der Elbe. Plinius berichtet von »gentes« und »nationes« der Chauken, die demnach aus mehreren Teilstämmen bestanden. Die Grenzen der Teilstämme ebenso wie ihre südlichste Ausdehnung, die nach Tacitus möglicherweise weit zwischen anderen genannten Stammesgebieten nach Süden gereicht hat, läßt sich archäologisch nicht klar fassen. Im Kreis Rotenburg reicht die Tonware der Nordseeküstengruppe, die ohne Zweifel mit dem Stamm der Chauken zu verbinden ist, mindestens bis in die Ostenniederung bei Zeven.

Gräber und Friedhöfe aus der römischen Kaiserzeit finden wir zwar auch noch nicht in großer Zahl, jedoch kommen Funde im gesamten Kreisgebiet vor. Siedlungen mit Eisenschmelzplätzen wurden in den letzten Jahren in Barchel, Tarmstedt, Vorwerk und Groß Meckelsen entdeckt. Bei Groß Meckelsen liegt ein ausgedehnter Siedlungsplatz auf einer flachen Anhöhe unweit der Mündung der Ramme in die Oste. Die Verteilung der Oberflächenfunde deutet auf mehrfache Verlegung der Siedlung innerhalb desselben Areals. Bisher sind Funde von der älteren römischen Kaiserzeit bis zur Völkerwanderungszeit vorhanden.

In einem ebenso ausgedehnten Siedlungsbereich bei Westerholz nahm R. Dehnke zwei Teilausgrabungen vor. Er untersuchte zahlreiche Rennfeueröfen und stellte Keramikscherben auf der Ackeroberfläche in mehreren hundert Metern Umkreis fest. Ein einzelner Hausgrundriß wurde dabei freigelegt (Abb. 52). Es handelte sich um ein rechteckiges dreischiffiges Gebäude in den Ausmaßen 10 × 5 m. Eine durchgehende Verfärbung bezeugte eingetiefte Holzwände. Überlagerungen mit älteren und jüngeren Eisenschmelzöfen des 1. bis 3. Jahrhunderts datieren die Hausstelle ebenfalls in diesen Zeitabschnitt.

Im Laufe der römischen Kaiserzeit vollzieht sich im Nordseeküstengebiet die Bildung des Sachsenstammes, der bis in das Mittelalter hinein Bestand hatte. Die Sachsen wurden erstmals von Ptolemaios um 160 n. Chr. genannt. Sie hatten ihre Wohnsitze rechts der Elbe bis an die Landenge der kimbrischen Halbinsel. Tacitus kann-

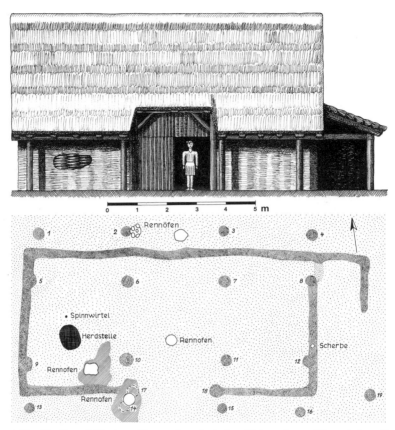

Abb. 52 Grundriß eines Hauses der römischen Kaiserzeit aus Westerholz mit Rekonstruktionsversuch (nach R. Dehnke)

te wenige Jahrzehnte vorher den Stammesnamen Sachsen noch nicht. Nach anderen antiken Quellen saßen auch Chauken rechts der Elbmündung. Archäologisch zeigt sich ein zusammenhängendes Verkehrsgebiet beiderseits der Elbmündung. Deshalb kann es sich bei den Sachsen um einen der Teilstämme der Chauken gehandelt haben. Der Name Sachsen geht vermutlich auf das Kurzschwert Sax zurück. Da für den Stamm in späterer Zeit auch eine Göttergestalt Saxnot bezeugt ist, halten es einige Forscher auch für

möglich, daß dieser Stammesbezeichnung der Name eines Krie-
gerbundes zugrunde liegt, dessen Mitglieder sich »Sax-Genossen«
im Sinne von »Schwertbrüder« oder ähnlich nannten. Diese Erklärung ist keinesfalls ganz abwegig. Denn seit Anbeginn der römischen Kaiserzeit sind Germanen als Söldner oder als verbündete
Truppen im römischen Heeresdienst. Das werden vielfach die
jungen Krieger der Stämme gewesen sein. Wenn diese dann nach
einigen Jahren Aufenthalt und Erfahrung im römischen Heer wieder in die Heimat kamen, wird es ihnen schwergefallen sein, sich
wieder den alten Sitten zu fügen und den Häuptlingen oder Prie-
stern ihrer Stämme unterzuordnen. Vor allem die adligen Anführer
der Kriegergefolgschaften werden um Einfluß und Macht im
Stamm gerungen haben. Aus dieser Situation können Vereinigun-
gen wie Kriegerbünde entstanden sein. Die Trennung von Krieger-
friedhöfen und Dorffriedhöfen im Bereich der Elbgermanen
scheint ein Ergebnis derartiger Entwicklungen zu sein. Sie führt bei
den Langobarden vermutlich zur Übernahme der Macht durch die
Kriegerschaft und schließlich zur Abwanderung ganzer Stammesteile. Im Raum südlich Stade hören auf sämtlichen Urnenfriedhöfen im 2. Jahrhundert die Beisetzungen auf, während im Raum
Lüneburg sicher ein Teil verblieb. Im Jahre 167 erschienen bereits
Langobarden an der Donau.
Anders scheint die Entwicklung bei den Sachsen verlaufen zu sein.
Nach der überlieferten Stammessage erschienen die Sachsen, über
das Meer kommend, zuerst im Land Hadeln. Nach Aussage der
Bodenfunde gehörten die Gebiete beiderseits der Unterelbe zum
selben Formenkreis, den man den Chauken zuweisen kann. Deshalb ist es denkbar, daß der vermutete Kriegerbund der Sachsen
zuerst im Gebiet der rechtselbischen Chauken die Stammesführung
übernahm und in einer Art Machtübernahme im 2. Jahrhundert auf
die linkselbischen Stammesteile übergriff. Für das Vorhandensein
eines genossenschaftlich organisierten Bundes ohne hervorste-
chende Anführer spricht auch die weitere Geschichte des Sachsenstammes. Im nördlichen Kerngebiet der Sachsen gab es bis zur
Eroberung durch die Franken keinen mächtigen Adel. Aus der Vita
des hl. Lebuin hören wir von einer ständisch gegliederten Stam-

mesversammlung, in der alle Adeligen, Freien und Liten gleichberechtigt vertreten gewesen sein sollen.

Eine völlig andere Entwicklung verzeichnete der nordöstliche Nachbarstamm der Sachsen, die Angeln. Hier entwickelte sich sehr früh ein kriegerisches Königtum. Bei allen germanischen Stämmen lassen sich vom letzten vorchristlichen Jahrhundert an deutliche Kontakte zum Römischen Reich im Fundgut erkennen. Römische Bronze- und Messinggefäße finden wir als Beigaben in reichausgestatteten Körpergräbern, die im Gegensatz zu den allgemein üblichen Brandgräbern der Adelsschicht zugeschrieben werden.

Vielfach kommen sie auch in Brandgräbern vor. Besonders zahlreich sind Bronzegefäße der späten vorrömischen Eisenzeit in den großen Urnenfriedhöfen auf der südlichen Stader Geest. Sog. »Hemmoorer Eimer«, römische Messingeimer aus der Zeit von 150 bis 300 n. Chr., findet man in germanischen Gräbern bis nach Norwegen. Im Küstengebiet zwischen Ems und Elbe benutzte man sie als Graburnen. Diese Sitte beschränkt sich auf das Gebiet, das die Chauken besiedelt hatten. Östlich der Weser liegt der Verbreitungsschwerpunkt im Raum Hemmoor–Warstade–Westersode. Der bisher einzige Fundplatz im Kreis Rotenburg, Elm bei Bremervörde, liegt wiederum an der nördlichen Kreisgrenze (Abb. 53). Römische Gegenstände können auf unterschiedliche

Abb. 53   Römische Messingeimer; Graburnen aus Elm. – M = 1 : 5

Weise ins Land gekommen sein. Es gab Handelsbeziehungen zum Römischen Reich, ebenso kann es sich um Kriegsbeute handeln. In vielen Fällen sind es aber wohl Dinge, die germanische Krieger aus dem römischen Heeresdienst mitgebracht haben. Im Einzelfall läßt sich das kaum beurteilen. Das Gebiet des Kreises Rotenburg scheint nach Zeugnis der bisherigen Funde äußerst dünn besiedelt gewesen zu sein. Römisches Importgut kommt fast nur aus dem nördlichen Kreisteil. Es sind das zunächst die Messingeimer von Elm. Ein Bronzekessel, der als Urne diente, stammt aus Minstedt, ein römischer Keramikteller als Urnendeckel aus Hepstedt. Ein Urnengrab in Barchel enthielt die römische Zwiebelknopffibel (Abb. 54). Römische Münzen der älteren und jüngeren Kaiserzeit wurden fast ausschließlich in unmittelbarer Nähe der Oste gefunden. Das kennzeichnet die Bedeutung des Flusses als Verkehrs- und Handelsweg dieser Zeit.

In der späten Kaiserzeit erfährt der Sachsenstamm eine bedeutende Bevölkerungsvermehrung. Das zeigt sich nicht nur in der Zunahme der Bestattungen auf den schon vorhandenen Urnenfriedhöfen, sondern auch in der Gründung neuer Gräberfelder. Auf der südli-

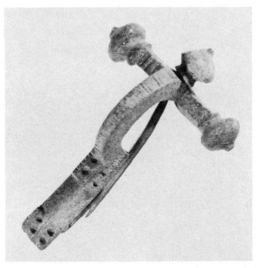

Abb. 54   Römische Bronzefibel aus einem Urnengrab von Barchel. – M = 3:4

chen Stader Geest waren im 2. Jahrhundert wohl mit der Abwanderung der Langobarden alle kaiserzeitlichen Friedhöfe aufgegeben worden. Im 3. Jahrhundert entstehen neue sächsische Gräberfelder an anderen Plätzen. Dabei wird nicht nur das ehemals langobardische Gebiet, sondern auch der Raum um Stade und der Kreis Rotenburg nördlich der Wümme neu besiedelt.

Die Friedhöfe liegen gleichmäßig über das Land verteilt und lassen nur die großen Moor- und Niederungsgebiete aus. Sehr wahrscheinlich sind nahezu alle ehemals vorhandenen Friedhöfe bekanntgeworden (Abb. 55). Lediglich im Raum Bremervörde möchte man noch einen entsprechenden Platz vermuten. Aus dem gleichmäßigen, recht großen Abstand der Gräberfelder voneinander sowie aus ihrer inneren Gliederung lassen sich auch Rückschlüsse auf die Siedlungsstruktur ziehen. Offensichtlich handelt es sich um zentrale Friedhöfe für jeweils mehrere Siedlungen im weiteren Umland. Weiträumig beobachten wir wieder eine deutliche Teilung des Elbe-Weser-Dreiecks in zwei Siedlungsbereiche, die durch die unwegsamen Niederungen des Teufelsmoores und Ostetals voneinander getrennt sind. Im Süden scheint die Wümmeniederung eine Grenze zu bilden. Im südlichen Kreisteil gibt es wie im anschließenden ehemaligen Kreis Soltau fast keine völkerwanderungszeitlichen Funde; wenige Tonscherben, wahrscheinlich Siedlungskeramik, der Zeit um 500 stammen aus Reeßum und Visselhövede.

Aus den Gräberfeldern des mittleren und östlichen Kreises Rotenburg liegen nur ältere, nicht systematisch ausgegrabene Funde in geringer Zahl vor. Die Region scheint jedoch mit dem nach dem Gräberfeld von Perlberg benannten östlichen Siedlungsgebiet zusammenzugehören. Zur Nordgruppe zählt bei uns nur der Friedhof von Barchel. Es handelt sich um eine Fläche von 800 m Ausdehnung in nord-südlicher Richtung, in der an mehreren Stellen völkerwanderungszeitliche Urnengräber zutage kamen. Auf denselben Flächen finden wir auch Grabhügel der älteren Bronzezeit, Urnengräber der jüngeren Bronzezeit und älteren Eisenzeit sowie Siedlungskeramik der älteren römischen Kaiserzeit. Da Teile des Gräberfeldes unter Grasland und Wald liegen, kann die tatsächliche

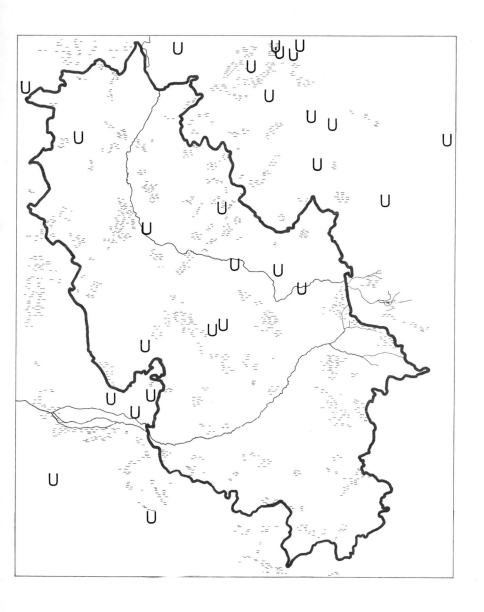

Abb. 55 Sächsische Urnenfriedhöfe der Völkerwanderungszeit

Ausdehnung nicht angegeben werden. Auch mögen bisher nicht vertretene Zeitabschnitte vorhanden sein. Zwei völkerwanderungszeitliche Urnengruppen wurden bisher fast vollständig aufgedeckt. Sie enthielten Brandgrubengräber unbestimmter Zeit und Urnenbeisetzungen des späten 3. bis 5. Jahrhunderts (Abb. 56). Der an dem Gelände haftende Flurname »Thingort« und die Lage im Kreuzungsbereich zweier alter Hauptwege zeigen eine zentrale Bedeutung des Platzes an, der in historischer Zeit bedeutungslos im

Abb. 56   Urnen des 3.–6. Jahrhunderts aus Barchel. – M etwa 1:5

Grenzbereich zweier Gemarkungen lag. Zwischen den Urnengräbern befanden sich drei beigabenlose Körpergräber. Zwei von ihnen wurden von Urnengräbern aus der Zeit um 400 überlagert. Sie müssen deshalb wenigstens aus dem 4. Jahrhundert stammen. In der Übernahme der Körperbestattungssitte durch einzelne Personen oder Familien, die wir auf sämtlichen sächsischen Friedhöfen des Elbe-Weser-Winkels beobachten, scheint sich ein römischer Einfluß zu zeigen. Germanische Föderatengräber in der Provinz Gallien übernahmen diese Sitte sehr früh. Sie mag sich wie viele gallorömische Einflüsse von dort in unseren Raum übertragen haben. Ein großer Teil römischer Beigaben in unseren Grabfunden ist in den Werkstätten Galliens hergestellt worden. Anfang des 5. Jahrhunderts hören die Beisetzungen in den untersuchten Teilen des Barcheler Gräberfeldes auf. Archäologisch und historisch läßt sich für diese Zeit die Übersiedlung des Hauptteils der Sachsen auf die britische Insel nachweisen.

Das Land westlich der Ostenniederung wird danach fast siedlungsleer. In der östlichen Region von Bremen bis Stade werden die Beisetzungen ebenfalls weniger. Es sind aber auf allen Friedhöfen der Ostgruppe noch Gräber aus der zweiten Hälfte des 5. und 6. Jahrhunderts vorhanden (Abb. 57). Im 7. und 8. Jahrhundert gibt es kaum noch Brandbestattungen. Die Toten wurden in Särgen, meist ohne Beigaben, beigesetzt. So lassen sich nur wenige Gräber zeitlich genau einordnen.

Im südlichen Kreisteil beginnt die sächsische Besiedlung offenbar erst, als im Küstengebiet die Abwanderung nach England erfolgt ist. Das Gräberfeld von Rotenburg-Luhne setzt Ende des 5. oder Anfang des 6. Jahrhunderts ein, ebenso die Friedhöfe von Ahausen und Unterstedt (Abb. 58). Im 8. Jahrhundert scheint die Besiedlung wieder dichter zu werden. Zumindest konzentriert sie sich in drei Räumen: um Cuxhaven, um Buxtehude–Buchholz und um Bremen–Rotenburg (Abb. 59).

In der Regel lagen die sächsischen Gräber in Nord-Süd-Richtung, bis mit dem christlichen Brauch die Ausrichtung von West nach Ost üblich wurde. Den Wechsel der Grabrichtung können wir auf den meisten spätsächsischen Gräberfeldern beobachten. Auf dem

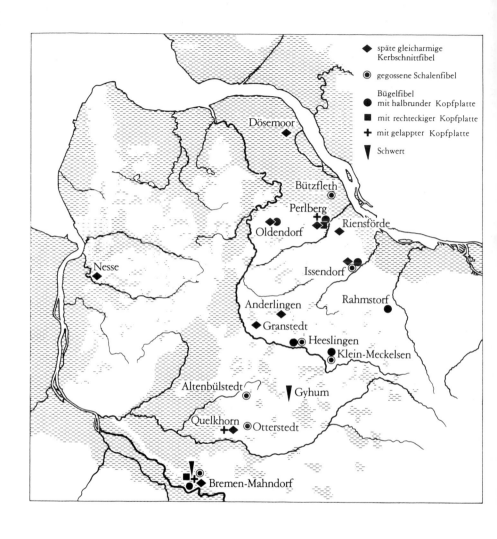

späte gleicharmige
Kerbschnittfibel

gegossene Schalenfibel

Bügelfibel
mit halbrunder Kopfplatte

mit rechteckiger Kopfplatte

mit gelappter Kopfplatte

Schwert

Dösemoor

Bützfleth
Perlberg
Riensförde
Oldendorf

Nesse
Issendorf

Anderlingen
Rahmstorf
Granstedt
Heeslingen
Klein-Meckelsen

Altenbülstedt
Gyhum

Quelkhorn
Otterstedt

Bremen-Mahndorf

Abb. 57 Verbreitung der Funde aus der 2. Hälfte des 5. Jahrhunderts im Elbe-
Weser-Gebiet (nach H. W. Böhme)

114

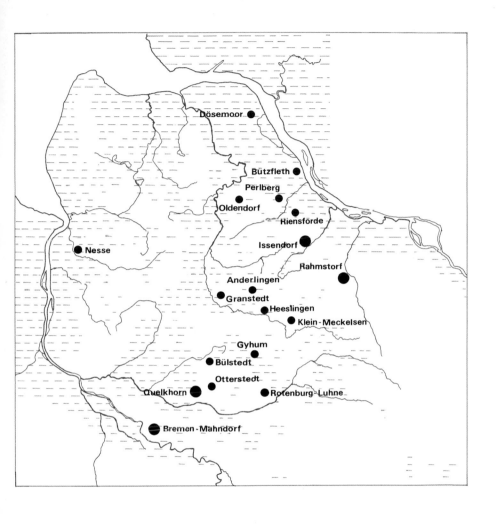

Abb. 58   Gräberfelder des 6. Jahrhunderts im Elbe-Weser-Gebiet (nach K. Weidemann)

115

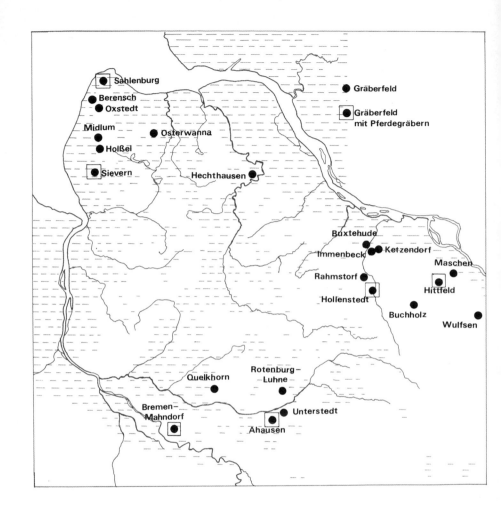

Abb. 59 Gräberfelder des 8. Jahrhunderts im Elbe-Weser-Gebiet (nach K. Weidemann)

116

Karkberg bei Unterstedt war die Orientierung nach Osten von Anfang an in Gebrauch. Nur zwei Nord-Süd-Gräber wurden aufgedeckt. Sie enthielten wie die Mehrzahl aller Bestattungen keine zeitbestimmenden Beigaben (Abb. 60, 61). Mit der Eroberung Sachsens durch Karl den Großen und der Durchsetzung des Christentums waren wieder tiefgreifende Veränderungen verbunden. Mit Sicherheit kam es zu einer Verlegung der Friedhöfe an die Kirchen. Aber auch die Siedlungsstruktur selbst muß sich gewandelt haben. Nach den letzten Sachsenaufständen kam es zu Umsiedlungen von Sachsen in andere Teile des Reiches. Auch werden fränkische Siedlungen und Militärstützpunkte hier gegründet worden sein. Namen wie Frankenburg und Frankenbostel können darauf zurückgehen. Bei den auf »-ingen« endenden Ortsnamen im Südteil des Landkreises und der zentralen Lüneburger Heide muß man auch an umgesiedelte Alamannen denken. Der Namentyp ist völkerwanderungszeitlich und besonders im Raum der Bajuwaren und Alamannen verbreitet. Aus der gesamten zentralen Lüneburger Heide mit ihren unfruchtbaren Sandböden fehlen jedoch Siedlungsspuren von der jüngeren vorrömischen Eisenzeit bis zum Mittelalter völlig. Siedlungsfunde aus der Karolingerzeit sind bisher auch so gut wie nicht bekannt. Sie werden im Bereich der heute noch bestehenden Dörfer und Städte zu suchen sein. Vorhanden sind dagegen noch einige Wallburgen, deren Entstehung und Entwicklung mit der Zeit Karls des Großen beginnt.

Literaturauswahl:
C. Ahrens (Hrsg.), Sachsen und Angelsachsen. Ausstellungskatalog des Helms-Museums (1978) mit Abhandlungen mehrerer Autoren. – R. Biere, Siedlungsfunde und Gräber in der Gemarkung Rotenburg-Bötersen. Die Kunde 5, 1937, S. 15 ff. – H. W. Böhme, Germanische Grabfunde des 4. bis 5. Jahrhunderts zwischen unterer Elbe und Loire. Münchener Beiträge zur Vor- und Frühgeschichte 19 (1974). – Ders., Das Land zwischen Elb- und Wesermündung vom 4. bis 6. Jh. In: Führer zu vor- und frühgeschichtlichen Denkmälern 29. Das Elb-Weser-Dreieck I (1976), S. 205 ff. – R. Dehnke, Ein Siedlungs- und Eisenverhüttungsplatz der spätrömischen Kaiserzeit von Westerholz, Krs. Rotenburg/Wümme. Nachr. aus Nieders. Urgeschichte 36, 1967, S. 133 ff. und 39, 1970, S. 268 ff. – Ders., Ein dreischiffiges Hallenhaus aus der römischen Kaiserzeit aus Westerholz, Krs. Rotenburg (Wümme). Neue Ausgr. u. Forschungen in Nieders. 7, 1972, S. 135 ff. – R. Drögereit,

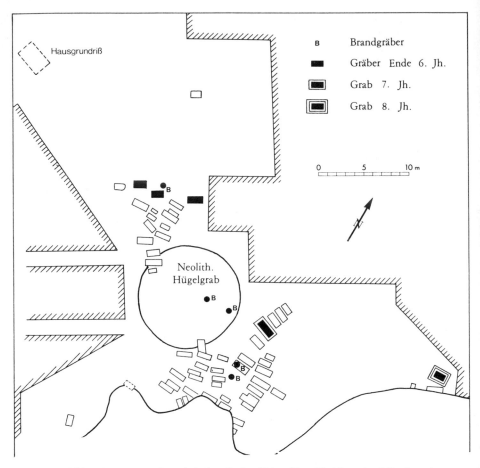

Hausgrundriß

B   Brandgräber

     Gräber Ende 6. Jh.

     Grab 7. Jh.

     Grab 8. Jh.

0   5   10 m

Neolith.
Hügelgrab

Abb. 60   Unterstedt; sächsisches Gräberfeld auf dem Karkberg (nach R. Grenz)

Abb. 61   Unterstedt; Beigaben des 6. Jahrhunderts aus Grab Nr. 56. – M = 2:5
(nach R. Grenz)

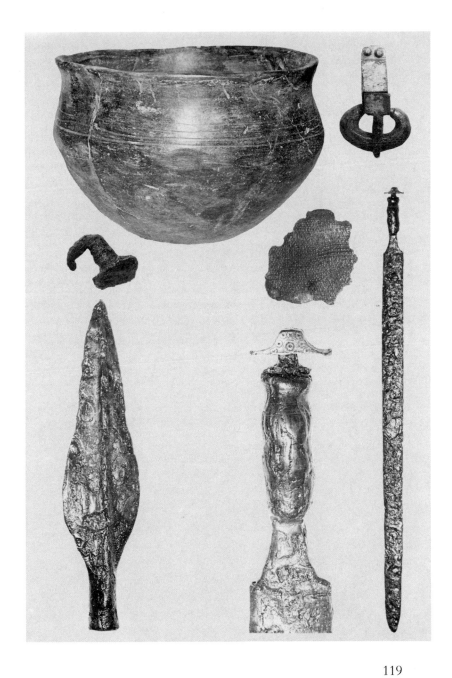

119

Haduloha und Hadugot, Gedanken zur »Sächsischen Stammessage«. Jahrb. der Männer vom Morgenstern 45, 1964, S. 168ff. – H. H. Eggers, Der römische Import im freien Germanien (1951). – A. Genrich, Neue Gesichtspunkte zum Ursprung der Sachsen. Archiv für Landes- und Volkskunde von Niedersachsen 16, 1943, S. 83ff. – Ders., Die Beziehungen zwischen Norddeutschland und Britannien in der Völkerwanderungszeit aus archäologischer Sicht. Neue Ausgr. u. Forschungen in Niedersachsen 2, 1965, S. 200ff. – Ders., Der Ursprung der Sachsen. Die Kunde N. F. 21, 1970, S. 66ff. – Ders., Die Wohnsitze der Langobarden an der Niederelbe nach den schriftlichen Nachrichten und den archäologischen Quellen. Die Kunde N. F. 23, 1972, S. 99ff. – Ders., Der Siedlungsraum der Nerthus-Stämme. Die Kunde N. F. 26–27, 1975–1976, S. 103ff. – Ders., Die Altsachsen. Veröffentlichung der urgeschichtl. Sammlung des Landesmuseums zu Hannover 25 (1981). – H. J. Häßler, Über drei Metallgefäße der jüngeren Kaiserzeit aus Elm, Krs. Bremervörde. Hammaburg N. F. 3/4, 1976/77, S. 79ff. – K. H. Jacob-Friesen, Einführung in Niedersachsens Urgeschichte 3. Eisenzeit (1974⁴). – J. Linkersdörfer, Ein sächsischer Urnenfriedhof in Barchel, Krs. Bremervörde. Die Kunde N. F. 28–29, 1977–1978, S. 119ff. – H. Lammers (Hrsg.), Entstehung und Verfassung des Sachsenstammes (1967), mit Abhandlungen mehrerer Autoren. – Ders. (Hrsg.), Die Eingliederung der Sachsen in das Frankenreich (1970), mit Abhandlungen mehrerer Autoren. – H. Müller-Brauel, Sächsische Gräberfelder um Stade. Prähistorische Zeitschrift 17, 1926, S. 138ff. – H. Patze, Geschichte Niedersachsens I (1977), mit Abhandlungen mehrerer Autoren. – A. Plettke, Ursprung und Ausbreitung der Angeln und Sachsen. Die Urnenfriedhöfe in Niedersachsen 3, H. 1 (1921). – P. Schmid, Die Keramik des 1. bis 3. Jahrhunderts im Küstengebiet der südl. Nordsee. Probleme der Küstenforschung im südl. Nordseegebiet 8, 1965, S. 9ff. – Ders., Römische Kaiserzeit u. Völkerwanderungszeit. In: Führer zu vor- und frühgeschichtlichen Denkmälern 29. Das Elb-Weser-Dreieck I (1976), S. 173ff. – W. D. Tempel, Zur Gliederung des gemischt belegten Friedhofs der Völkerwanderungszeit von Barchel, Gemeinde Oerel, Landkrs. Rotenburg. In: Studien zur Sachsenforschung 4 (1982), S. 315ff. – F. Tischler, Der Stand der Sachsenforschung archäologisch gesehen. Berichte der Römisch-Germanischen Kommission 35, 1954, S. 21ff. – R. von Uslar, Archäologische Fundgruppen und germanische Stammesgebiete vornehmlich aus der Zeit um Christi Geb. Historisches Jahrbuch 71, 1952, S. 1ff. – R. Wenskus, Stammesbildung und Verfassung (1961).

120

Frühgeschichtliche Burgen

Ringwälle des 9. bis 11. Jahrhunderts

In fast allen vor- und frühgeschichtlichen Zeitperioden gibt es Abschnitte, in denen Siedlungen oder Fürstensitze durch Wälle oder Mauern befestigt worden sind. Aus dem norddeutschen Flachland kennen wir, abgesehen von einem fraglichen Platz an der Wümme unweit von Rotenburg, allerdings keine Nachweise für älteren vorgeschichtlichen Burgenbau. Wenige große Ringwallanlagen wie z. B. bei Sievern und Gudendorf, beide Kreis Cuxhaven, sind in den Jahrhunderten vor Christi Geburt entstanden und waren teilweise bis in die Völkerwanderungszeit in Benutzung. In den Quellen zu den Sachsenkriegen Karls des Großen werden Burgen der Sachsen im Mittelgebirge genannt. Dabei handelt es sich vermutlich nicht um neue Befestigungen, sondern um sächsische Siedlungen oder Stützpunkte in noch vorhandenen vorchristlichen Ringwällen. Im Gebiet zwischen Unterweser und Unterelbe setzt der frühmittelalterliche Burgenbau erst in der karolingischen Zeit ein.

Die ältesten Burgen, von denen wir wissen, waren Kastelle Karls des Großen, die er als militärische Stützpunkte während der Sachsenkriege einrichten ließ, darunter auch die Burg bei Hollenstedt im benachbarten Kreis Harburg. Aus der Zeit Karls sind nur wenige solcher Kastelle bekannt. Wann die weitere Befestigungsphase einsetzte, ließ sich bisher noch nicht eindeutig klären. Das Fundmaterial aus den frühesten Ringwallburgen erlaubt meist nur die Feststellung, daß die Anfänge im 9. oder 10. Jahrhundert liegen. Man darf jedoch vermuten, daß die fränkischen Stützpunkte, vor allem die Grafensitze ebenso wie die Bischofssitze, von Anfang an im noch nicht ganz befriedeten Sachsenland befestigt wurden.

Nach der Eroberung Sachsens durch Karl den Großen setzte der König zur Verwaltung des Landes Grafen ein. Hier im Raum zwischen Elbe- und Wesermündung waren es vermutlich sächsische und fränkische Edelinge aus anderen Teilen des Reiches. Nach den Sachsenaufständen, insbesondere der Jahre 794 und 804, die wesentlich vom Elbe-Weser-Gebiet ausgingen, siedelte Karl Teile der Bevölkerung um. Den dabei eingezogenen Landbesitz gab er z. T. als Königslehen an zuverlässige Edle. Für die Verwaltung des Königsgutes wurden Königshöfe (»Curtes«) eingerichtet. Dem Namen nach müssen wir mit Königshöfen bei Sittensen und Bleckwedel rechnen. Für mehrfach geäußerte Vermutungen, daß Curtes in Frankenbostel und Selsingen gewesen seien, gibt es keine Belege. Der Ortsname Karlshöfen an dem einzigen Osteübergang südlich Bremervörde könnte auf karolingische Zeit zurückgehen. Der Name ist allerdings erst um 1400 im Zusammenhang mit der zu dieser Zeit zerstörten Seeburg im Karlshöfener See erwähnt.

Waren die Grafen zunächst nur Amtsträger ohne bedeutendes Eigengut, die jedoch ihr Amt vererbten, gelang es ihnen doch im Laufe weniger Generationen durch Schenkung, Kauf, eigenen Landausbau und Aneignung von Königsgut, selbst Besitz zu erwerben. Urkundlich sind die Anfänge der Entwicklung nur schwer zu fassen. Wir wissen jedoch, daß schon seit der Zeit Ludwigs des Frommen (814–840) der Bremer Kirche beträchtliche Güter vom König übertragen worden sind. Erst für das 12. und 13. Jahrhundert erlauben uns die historischen Quellen einen Einblick in die Besitzverhältnisse des Adels. Auf den Burgen des Hochmittelalters sitzen dann die Ministerialen der Bistümer Bremen und Verden und die der Stader Grafen. Als älteste Anlagen erwiesen sich die Ringwallburgen, die nach dem archäologischen Fundgut vom 9. bis 11. Jahrhundert erbaut wurden, jedoch teilweise wohl noch länger in Benutzung waren. Unsere Karte (Abb. 62) enthält sämtliche Burgen, die nach ihrer Form zu den Ringwällen des 9. bis 11. Jahrhunderts gehören. Historische Quellen aus dieser Zeit, soweit es den Kreis Rotenburg betrifft, liegen über keine der Anlagen vor. Nur an einem Platz, dem Edelmannsberg bei Rotenburg, fand eine archäologische Untersuchung statt. Wenige Tonscherbenfunde aus dieser Ausgrabung sowie Oberflächenfunde vom Königshof bei Sittensen stammen aus dem 10. Jahrhundert. Unsere Ringwälle sind Erdbefestigungen, die meist einen Durch-

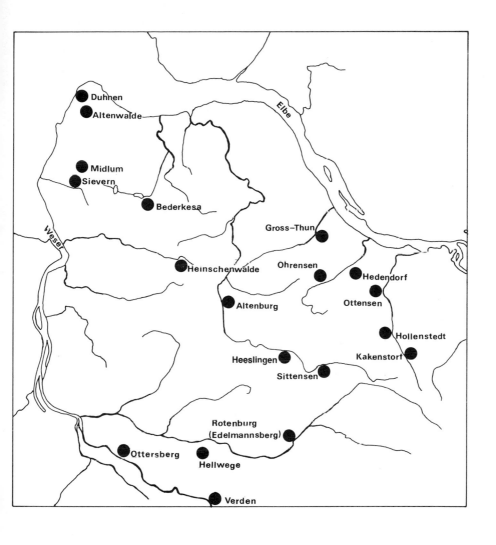

Abb. 62   Ringwallburgen des 9.–11. Jahrhunderts im Elbe-Weser-Raum (nach K. Weidemann)

123

messer von 70 bis 80 m aufweisen. In Ausnahmefällen kommen kleinere Maße oder größere bis zu 150 m Durchmesser vor. Heute zeigen sich die Anlagen als Erdwälle mit davorliegendem Graben. Ausgrabungen vermittelten uns Kenntnisse über die Konstruktion. Ursprünglich handelte es sich um mauerartige Aufschüttungen, die durch Grasplaggenstützung oder Holzkonstruktionen gefestigt waren und annähernd senkrechte Außenseiten besaßen. Vor der Wallmauer lag der Graben als zusätzliches Hindernis für Feinde. Aus dem Graben stammte meist der Hauptteil des Erdreiches für die Wallaufschüttung. Beim Bau der Ringwälle nutzten die Erbauer immer besonders geschützte Geländesituationen aus. Viele Ringwälle finden wir in schwer begehbaren nassen Niederungen. Andere liegen auf Bergspornen oder hohen Flußufern, wo die vorhandenen steilen Böschungen einbezogen werden konnten und zusätzlichen Schutz boten. Mehrere Ringwälle im Kreis Rotenburg wie die von Heinschenwalde (s. S. 141), die Heilsburg bei Wiersdorf (s. S. 186 ff.) und der Ringwall beim Königshof Sittensen (s. S. 181 ff.) schließen an steile Flußufer an.

Bei der Größe der Anlagen dürfen wir die zugehörigen Wirtschaftsgebäude meist innerhalb der Wälle annehmen. Ob allerdings alle Ringwallburgen im Landkreis in Funktion und Art der Innenbebauung gleichartig gewesen sind, muß offenbleiben, solange keine Untersuchungen vorliegen. Auf dem nördlichen Rand der Wümmeniederung 2,5 km nordöstlich vom späteren Rotenburg lag neben dem »Königsberg« und »Königsbruch« ein Ringwall, der im Volksmund den Namen Edelmannsberg trug (Abb. 63). G. Jacob-Friesen nahm vor der restlosen Zerstörung des Platzes in den Jahren 1955 bis 1956 eine Probeausgrabung vor. Der Wall bestand aus einer Holz-Erde-Konstruktion. Auf der Wallkrone verlief eine Pfostenreihe. Im Innenraum fanden sich einzelne Pfostenlöcher und wenig Keramik des 10. Jahrhunderts. Eine Bebauung im Innenraum ließ sich weder nachweisen noch rekonstruieren. Sie kann nicht intensiv und von langer Dauer gewesen sein; denn es fand sich nur wenig Keramik des 10. Jahrhunderts. Der Zugang erfolgte von Nordwesten über eine Brücke durch eine rechteckige Vorburg von 90 × 100 m Ausdehnung. Nach Oberflächenfunden war die Vor-

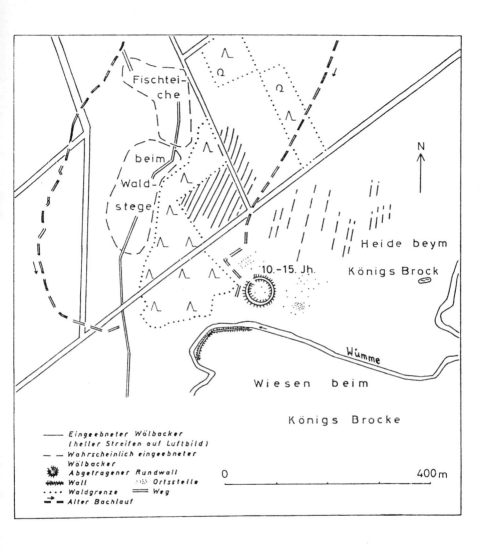

Abb. 63 Lage des Ringwalls »Edelmannsberg« bei Rotenburg (nach E. Deisting)

125

burg bebaut gewesen. Nach Einebnung der Anlage ließ sich im Bereich der Vorburg ein Hausgrundriß feststellen. Beim Bau der Rotenburger Umgehungsstraße kamen weitere Tonscherben des 10. bis 13. Jahrhunderts zutage sowie eine befestigte Uferstelle an einem alten jetzt vermoorten Bachlauf. Die Siedlung außerhalb der Burg bestand nach Urkunden und Bodenfunden bis in die erste Hälfte des 15. Jahrhunderts unter dem Namen Wallstegen, in jüngeren Belegen zu Waldstegen verballhornt. Der Name nimmt offensichtlich auf die Burg und einen Flußübergang Bezug. In den älteren Urkunden, auch im Zusammenhang mit der Gründung Rotenburgs, findet der Platz keine Erwähnung. Die Burg kann daher nicht von besonderer Bedeutung gewesen sein. Zwei Erklärungen scheinen möglich: Es kann sich um einen kleinen Königshof der Karolinger- und Ottonenzeit gehandelt haben, der früh an das Bistum Verden fiel; dafür könnten die Flurnamen »Königsberg« und »Königsbrook« Hinweis sein. Andernfalls kommt eine Grenzbefestigung des Bremer Erzbischofs aus dem 10. Jahrhundert in Frage, die später überflüssig wurde. Jacob-Friesen hielt die Anlage für eine sog. Heinrichsburg, die im 10. Jahrhundert als Fluchtburg errichtet worden wäre. Dagegen spricht jedoch die Besiedlung der Vorburg und die Lage am Flußübergang.

Zu den Burgen dieser frühen Epoche können auch der Ringwall von Hellwege (s. S. 225 f.) gehören sowie eine nicht mehr vorhandene Anlage in Mulmshorn.

Ebenso könnten Wallanlagen im Mündungsdreieck der Fintau in die Wümme, jetzt im Ortsgebiet von *Lauenbrück*, unmittelbar südöstlich des heutigen Gutshofes Reste eines alten Ringwalls sein. Der von einem Burggraben umschlossene Platz liegt in typischer Niederungslage am Flußufer. Ein heute niedriger Erdwall innerhalb des Grabens umschließt eine ungefähr kreisförmige Fläche von gut 100 m Durchmesser. Wenn auch die historischen Quellen erst im Jahre 1358 einsetzen, muß das erste »feste Haus« bereits längere Zeit bestanden haben, wenn schon 1359 ein »neues Schloß« errichtet wird. Lauenbrück war zuvor bischöflich-verdenscher Besitz, bis es an die Herzöge von Braunschweig und Lüneburg abgetreten wurde, denen der Ort nach ihrem Wappen den Namen

»Leuwenbrughe« verdankt. Der große, zum Gut gehörende Wald-
besitz und der Name des angrenzenden Königsmoors legen die
Vermutung nahe, daß auch hier ursprüngliches Königsgut vorhanden war und ein Königshof in der Karolinger- oder Ottonenzeit an
das Bistum Verden vergeben worden ist. Ausgrabungen und Bodenfunde aus dem Bereich des Ringwalls kennen wir bisher nicht.
Untersuchungen in Teilflächen sind jedoch noch möglich.

Am nordwestlichen Ortsrand des Dorfes *Mulmshorn* lag bis vor
wenigen Jahren ein Ringwall im Winkel zwischen der Wieste und
dem einmündenden Glindbach. Die Befestigungsanlagen um-
schlossen in unregelmäßig ovaler Form ein Areal von rund
160 × 180 m Innenfläche. Nach den Aufzeichnungen der archäologischen Landesaufnahme war der Wall im Jahre 1962 bereits in
den Graben geschoben worden. Nur im Westen der Anlage war
noch ein Reststück des Grabens erhalten, das eine obere Breite von
8 m aufwies. Der Sohlgraben besaß eine 3 m breite Sohle und war
2,5 m tief. Durch einen Stichgraben war er mit der Wieste verbunden. Im Südosten deutete ein erhöhter Platz auf den Standort eines
Gebäudes. Mit der Sonde konnte man steinerne Fundamente füh-
len. Die Umgebung dieses Platzes unmittelbar am Glindbach war
besonders tief gelegen und vernäßt, so daß ein gesonderter Graben
um das Gebäude vermutet wurde. Inzwischen sind sämtliche Befunde durch Planierungen und Tiefpflügen zerstört. Nach den
spärlichen Angaben und einem Lageplan in der topographischen
Karte 1:25000 (Abb. 64) handelt es sich zweifellos um eine Ringwallburg. Möglicherweise hat man später innerhalb der vorhandenen Befestigungsanlage eine Turmhügelburg errichtet. Historische
Quellen fehlen ebenso wie archäologische Untersuchungen. Eine
Kernburg innerhalb des großen Ringwalles kennen wir auch aus
der Altenburg (s. S. 172ff.).

Unter den erhaltenen Ringwällen fallen die Anlagen von Heinschenwalde, der Altenburg von Ober Ochtenhausen, der Heilsburg und des Königshofes bei Sittensen durch besonders hohe und
breite Wälle und entsprechend große Gräben auf. Burgen mit
mächtigen Wällen dieser Größenordnung wurden in benachbarten
Landschaften im 10. Jahrhundert errichtet oder erweitert.

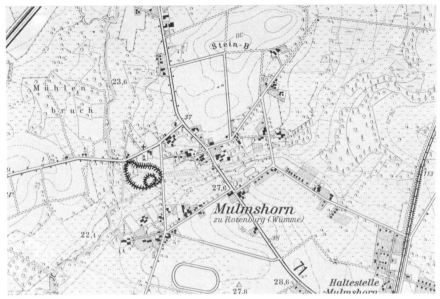

Abb. 64   Lage des Ringwalls bei Mulmshorn. – M = 1:25000

Die Verbreitungskarte (Abb. 62) zeigt uns, wie die Mehrzahl aller Ringwälle in unmittelbarer Nähe der Flüsse lag und offensichtlich eine Beziehung zu Wasserwegen und Flußübergängen hatte. Aufschlüsse über die Funktion der Wallburgen lassen sich nur aus der allgemeinen geschichtlichen Entwicklung ziehen. Die Anfänge des Burgenbaus dienten zweifellos der Festigung der fränkischen Macht und ihrer Verwaltung einschließlich der kirchlichen Stützpunkte. In der Zeit bis 804 erhoben sich gerade die Sachsen des Küstengebiets noch mehrfach gegen die fränkische Herrschaft. Auch die Einfälle der dänischen Wikinger und Normannen im 9. Jahrhundert können mit zur Anlage von Befestigungen beigetragen haben.

Mit der Bildung der Eigenterritorien durch Grafen und Bischöfe spielten die Burgen bald auch eine Rolle in den Machtkämpfen der Landesherren untereinander. So lag gerade der Raum Rotenburg in der Zeit um 1200 im Interessenkonflikt zwischen den Bistümern

Bremen und Verden. Die Burg Ottersberg und vielleicht auch der Ringwall Edelmannsberg nördlich der Wümme bei Rotenburg waren Stützpunkte der Bremer Macht. Dagegen erbaute der Bischof von Verden um 1190 ein »festes Haus«, die Rotenburg südlich der Wümme.

Bisher finden wir keine Anzeichen für Vorhandensein oder Bau reiner Fluchtburgen, wie sie vor allem unter den Sachsenkönigen Heinrich I. und Otto dem Großen in den östlichen Landesteilen angelegt wurden. Ohne weitere Ausgrabungsbefunde läßt sich jedoch nicht ausschließen, daß einige unserer Ringwälle, über die keinerlei historische Quellen vorliegen, lediglich Fluchtburgen waren und zu den sog. »Heinrichswällen« zu rechnen sind.

Turmhügelburgen und Ringwälle des 12. und 13. Jahrhunderts

Im Elb-Weser-Gebiet läßt sich seit der Wende vom 11. zum 12. Jahrhundert ein neuer Burgentyp nachweisen, der die älteren Ringwallbefestigungen ablöste, die Turmhügelburg, nach dem französischen Fachausdruck »Motte« genannt. Diese Befestigungen sind sehr viel kleiner als ihre Vorgängeranlagen. Sie bestehen aus einem aufgeworfenen Erdhügel, auf dem ein hölzerner Turm stand. Gleichzeitig gab es sehr kleine Burgwälle, in denen ebenfalls nur ein Gebäude oder ein Turm, vielleicht mit einem weiteren Haus, Platz fand. Aus diesen Anlagen, die später in Stein ausgeführt wurden, entwickelten sich in der Folgezeit die mittelalterlichen Burgen. Da sie meist umgebaut wurden, sind uns nur noch wenige dieser Anlagen im Gelände erhalten. Dagegen fand bei der Ablösung der Ringwälle wohl häufiger eine örtliche Verlagerung statt. Wir müssen aber davon ausgehen, daß auch die ehemals vorhandenen Ringwallburgen längst nicht alle bekannt sind. Im Landkreis Rotenburg finden wir noch mehrere Plätze solcher Turmhügelburgen, bei denen in der Regel nur der Erdhügel noch erhalten ist, auf dem einst der Turm stand. Vielfach sind auch die umlaufenden Burggräben noch erkennbar. Guterhaltene Anlagen sind in Heinschenwalde-Drittgeest (s. S. 143 ff.) und Ober Ochtenhausen (s. S. 174 f.) zu sehen. Die mächtigen Erdhügel haben beinahe rechteckige, leicht abgerundete Form. Sie messen im Durchmesser bis zu 60 m und sind über 2 m hoch. Ein Hügel in der Oste-Niederung bei Steddorf kann ebenfalls eine Motte gewesen sein. Auch bei Kettenburg liegt der Erdberg einer Turmhügelburg noch in der Lehrde-Niederung.

Auf einem colorierten Bild der Dorfansicht von Rosebruch aus dem Jahre 1564 sehen wir im Mittelpunkt den Hügel einer Motte, deren Turm damals bereits abgebrochen war. Der Schierenbach war geteilt und floß beidseitig durch den Burggraben (Abb. 65).

Abb. 65   Ansichtszeichnung von Rosebruch aus dem Jahre 1564 mit dem vom Bach umflossenen Burghügel

Nach Chronik-Überlieferungen soll ein friesischer Häuptling Hayo mit Geld, das er dem Kloster Rüstringen geraubt hatte, im Stift Verden Güter erworben und die Burg im Rosebruch erbaut haben. Nach Zerstörung der Burg durch den Bischof von Verden sei Hayo an die Weser gezogen und habe die Burg Hoya erbaut. Nach der historisch nicht beweisbaren Überlieferung soll er der Stammherr der Grafen von Hoya sein. An der aus dem Bild erschlossenen Stelle war bereits bei der archäologischen Landesaufnahme eine Burg vermutet worden. Bohrungen in dem heute restlos planierten Gelände am begradigten Schierenbach ergaben eine Anhäufung von Holzresten, Feldsteinen und Ziegelsteinbruchstücken.

Als Motte muß wohl auch der Hügel angesprochen werden, in dem das Erbbegräbnis der Schulten von der Lühe auf dem Gut Burgsittensen bei Sittensen angelegt ist.

Diese »Alte Burg« war Vorgänger der späteren Wasserburg.

Eine weitere Motte war vor 30 Jahren noch in der Wümmeniederung westlich des Flußbetts bei Jeersdorf vorhanden. Innerhalb eines Ringgrabens von etwa 50 m Durchmesser soll ein »großer Hügel« gelegen haben. Nach der Planierung kamen zahlreiche Kugeltopfscherben zutage.

Motten liegen bei uns grundsätzlich in der Niederung. Die umgebende Nässe ebenso wie die geringe Höhe des Standorts machten den Erdunterbau wohl erforderlich. Allein aufgrund der geringen Größe der Turmhügelburgen muß ein bedeutender Funktionsunterschied zu den älteren Ringwällen bestehen. Wahrscheinlich hatten die Herren der Ringwallburgen noch umfangreichere Aufgaben für den Landesherrn zu übernehmen und eine größere Besatzung zu unterhalten. Die neuen Burgen sind befestigte Familienwohnsitze und verdeutlichen die fortschreitende Verselbständigung der Ministerialen und edelfreien Herren. Zu den Burgen müssen auch Wirtschaftshöfe gehört haben. Sie lagen außerhalb der Kernburg und waren nicht oder weniger fest eingefriedet. Im Gelände lassen sie sich heute in der Regel nicht mehr erkennen und nur durch Ausgrabungen nachweisen.

Gleichzeitig mit den Turmhügelburgen entstehen auch kleine

Wallringe von sehr geringem Durchmesser, in denen ebenfalls nur ein Gebäude oder hölzerner Turm Platz fand. Sie sind sowohl in der Größe, der Art ihrer Bebauung als auch in der Funktion mit den Motten zu vergleichen. Beide Formen stehen am Beginn der Entwicklung zur Burg des hohen Mittelalters, in der der Turm als Bergfried weiterhin wichtiger Bestandteil bleibt. Ein Ringwall dieser Art mit 25 m Innendurchmesser und vorgelagertem Graben liegt unmittelbar neben dem wüstgewordenen Dorf Horectorp im Alfstedter Holz, Gemarkung Alfstedt (s. S. 139 f.).

Burgen dieses Typs gab es sicher in großer Zahl. Zu ihnen ist auch der Wallring mit Graben zu rechnen, der den Burgplatz in Clüversborstel umgibt. Von mehreren weiteren Burgen, die heute nicht mehr erhalten sind, wird berichtet, daß sie von Wall und Graben umgeben waren. Da vielfach keine Funde vorliegen, und die Gründungsdaten nicht überliefert sind, können wir sie heute kaum einordnen. Es soll nur erwähnt werden, daß Wallburgen in Oese, Farven, Bostel bei Sandbostel, Mintenburg bei Sandbostel, Ostereistedt, Twistenbostel, Burgelsdorf bei Elsdorf, Wilstedt, Wittorf und Kettenburg genannt sind.

Wälle, Schanzen und Landwehren

In der Landschaft befinden sich noch viele Wallanlagen, die zwar nicht aus der Gegenwart stammen, aber auch nicht als vor- oder frühgeschichtliche Befestigungen anzusehen sind. Dazu gehören vor allem die Landwehren. So bezeichnet man meist mittelalterliche Erdwälle mit vorgelagerten Gräben, die teilweise ringförmig in weitem Abstand eine Stadt umgaben. Ebenso konnten es gerade Abschnittswälle sein, die bestimmte Landstrecken für Wagen und Karren sperrten und den gesamten Verkehr durch die wenigen Durchlässe zwangen. Diese Landwehren endeten jeweils an Gewässern oder unbefahrbaren sumpfigen Niederungen. In der Regel handelt es sich nicht um kreisrunde oder schnurgerade Anlagen. Sie waren vielmehr dem Gelände angepaßt.

Selbst wenn Landwehren einmal in Streitfällen militärische Verwendung fanden, sind sie nicht zu Verteidigungszwecken erbaut worden. Die ursprünglich mit Gestrüpp und Dornen bewachsenen Wälle mit den davorliegenden Gräben, manchmal auch mehrfachen parallelen Wällen und Gräben, dienten vor allem als beabsichtigtes Verkehrshindernis. Sie zwangen den Fernverkehr auf bestimmte Straßen, und im Fall der Städte bewirkten sie, daß die Kaufleute durch das Hoheitsgebiet der Stadt fahren mußten, damit die Stadt das Stapelrecht wahrnehmen konnte. Nach diesem zahlreichen Städten verliehenen Recht mußten durchreisende Kaufleute ihre Waren in der Stadt zum Kauf anbieten. Dieser wirtschaftliche Anlaß wird beim Bau von Landwehren im Vordergrund gestanden haben. In diesem Zusammenhang ist wohl auch die Tatsache zu sehen, daß die ringförmig in weitem Umkreis um Städte verlaufenden Landwehren zugleich den Rechtsbezirk zwischen städtischer und landesherrschaftlicher Hoheit abgrenzten. Solche Grenzfestlegungen fanden in der zweiten Hälfte des 14. Jahrhunderts recht häufig statt.

Ferner kennen wir aus der frühen Neuzeit rechteckige, oft recht hohe Wallaufwürfe zur Sicherung von Forstpflanzenanzuchten. Aus der Lüneburger Heide sind flache Erdwälle um Außenschafställe bekannt, die den Stall und einen zusätzlichen Raum als Pferch umgaben. Kreisrund und sogar gelegentlich mit einer Holzpalisade versehen waren vielfach kleine Wälle um Korbbienenzäune. Der niederdeutsche Ausdruck Immenthun benutzt dafür das Wort Thun, das ebenso für Ringwälle Verwendung fand. Im Angelsächsischen führte es zu der Bezeichnung town, der von Wall oder Mauer umgebenen Stadt. Wallknicks und Forstgehege täuschen dem unkundigen Betrachter gelegentlich Wallburgen vor, selbst halbkreisförmig aufgewehte Dünen werden vielfach für Burganlagen gehalten.

Daß es auch mittelalterliche Ringwälle mit anderen Funktionen gegeben hat, mag das Beispiel der Anlage von Altenluhne verdeutlichen. Rund drei Kilometer nordwestlich der Stadtmitte von Rotenburg lag ein Ringwall, der im Jahre 1970 dem Bau eines Industriewerkes weichen mußte. R. Dehnke führte zuvor eine Untersuchung durch. Es handelte sich um einen Wallring von ovaler Ge-

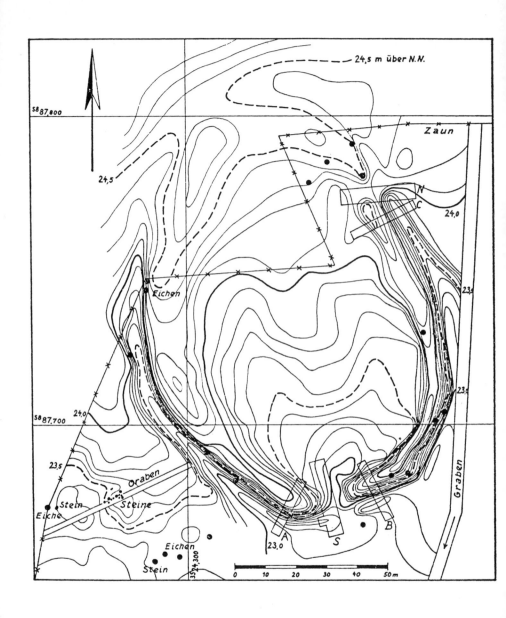

Abb. 66   Höhenschichtenplan des Ringwalls von Rotenburg-Altenluhne (nach R. Dehnke)

stalt mit den Innenmaßen 115 × 85 m. Die Wälle besaßen einen flachgewölbten Querschnitt von rund 12 m Breite und 0,7 m Höhe. Davor befand sich ein Sohlgraben, der nach dem Ausgrabungsschnitt eine Tiefe von nur 1,2 m unter Bodenniveau besaß. Die Sohlbreite betrug 3 m, die obere Breite 5 m. Schlammablagerungen im Graben zeigen, daß dieser überwiegend Wasser geführt hat. An der nördlichen, der Wümme abgekehrten Seite besaß der Wallring eine nicht befestigte Öffnung. Von der Innenbebauung war in der Mitte auf der Längsachse ein 60 m langes und fast 20 m breites Podest erhalten, das nach Ziegelbruchstücken ein Backsteinbauwerk getragen haben wird. Ferner gab es Hinweise auf Holzbauten an der nördlichen und südwestlichen Innenseite des Walls. Wenige Keramikfunde stammen aus der ersten Hälfte des 14. Jahrhunderts. Nach Ausweis der historischen Quellen hat hier bereits um 1230 ein Vorwerk der Rotenburger Bischofsburg bestanden, um das später ein Dorf mit Namen Lune entstand, welches um das Jahr 1571 wieder aufgegeben worden sein soll. Sowohl die Hofstellen als auch die Ackerflächen ließen sich noch nachweisen (Abb. 66). Nach dem »Abschaffen« des Dorfes habe der Bischof von Verden 1500 m nördlich der alten Dorfstelle ein Vorwerk errichten lassen, den Vorläufer der heutigen Domäne Luhne. Der nicht völlig geschlossene Ringwall wird den Vorgänger des Vorwerks beherbergt haben. R. Dehnke macht deutlich, daß die Wallanlage kaum eine Befestigung, sondern eher einen Hochwasserschutz darstellte.

Literatur:
Zu den Burgen allgemein: R. Drögereit, Wigmodien. Der Stader Raum und seine Eroberung durch Karl den Großen. Rotenburger Schriften 38/39, 1973. – A. von Düring, Ehemalige und jetzige Adelssitze im Herzogtum Bremen (1938). – A. C. Förste, Die Ministerialen der Grafschaft Stade im Jahre 1219 und ihre Familien (1975). – E. Heyken, Rotenburg. Kirche, Burg und Bürger. Rotenburger Schriften Sonderheft 7 (1966). – B. U. Hucker, Das Elbe-Weser-Dreieck im frühen und hohen Mittelalter. Führer zu vor- und frühgeschichtlichen Denkmälern 29. Das Elb-Weser-Dreieck I (1976), S. 251 ff. – H. Jankuhn, »Heinrichsburgen« und Königspfalzen. Deutsche Königspfalzen II = Veröffentlichung des Max-Planck-Instituts für Geschichte 11/2 (1965), S. 61 ff. – Ders., Die sächsischen Burgen der karolingischen Zeit. In: Die Burgen im deutschen Sprachraum I = Vorträge und Forschungen 19 (1976), S. 359 ff. – M. Last, Burgen des 11. und 12. Jahrhunderts in Niedersachsen. A.a.O., S. 359 ff. – S. Krüger, Studien zur sächsischen Grafschafts-

verfassung im 9. Jahrhundert. Studien und Vorarbeiten zum historischen Atlas Niedersachsen 19 (1950). – A. von Oppermann und C. Schuchardt, Atlas vorgeschichtlicher Befestigungen in Niedersachsen (1888–1916). – E. Rüther, Burgenbau und Burgennamen zwischen Elb- und Wesermündung. Jahrbuch der Männer vom Morgenstern 30, 1940, S. 74 ff. – R. von Uslar, Ringwälle Nordwestdeutschlands. Die Kunde N. F. 18, 1967, S. 52 ff. – K. Weidemann, Frühmittelalterliche Burgen im Land zwischen Elbe- und Wesermündung. Führer zu vor- und frühgeschichtlichen Denkmälern 30. Das Elb-Weser-Dreieck II (1976), S. 165 ff. – R. Wenskus, Sächsischer Stammesadel und fränkischer Reichsadel. Abhandl. der Akademie der Wissenschaften zu Göttingen, philologisch histor. Klasse 3, Folge 93 (1976). – *Zu Alfstedt:* A. und E. Bachmann, Die Gemeinde Alfstedt, Landkrs. Bremervörde. Ein Überblick über die Erdgeschichte, Ur- und Frühgeschichte u. Geschichte. In: 700 Jahre Alfstedt (1974). *Zu Rosebruch:* D. Brosius, Die Grundherrschaft in der Vogtei Visselhövede im späten Mittelalter (Tl. 2). Rotenburger Schriften 58, 1982, S. 7 ff. – *Zu Rotenburg:* R. Dehnke, Ein mittelalterlicher Ringwall bei Rotenburg (Wümme). Nachr. aus Nieders. Urgesch. 40, 1971, S. 322 ff. – E. Deisting, Mittelalterliche Wüstungen im Gebiet um Rotenburg (Wümme). Rotenburger Schriften 46, 1977, S. 34 ff. – E. Heyken, Rotenburg. Kirche, Burg und Bürger. Rotenburger Schriften Sonderband 7 (1966). – G. Jacob-Friesen, Probegrabungen auf dem »Edelmannsberg« bei Rotenburg (Han.). Germania 36, 1958, S. 228 ff. – *Zu Selsingen:* A. und E. Bachmann, Zur älteren Geschichte des Kirchspiels Selsingen. Rotenburger Schriften 56, 1982, S. 36 ff. – *Literaturangaben zu weiteren Burgplätzen sind unter den Objektbeschreibungen angegeben.*

Objektbeschreibungen

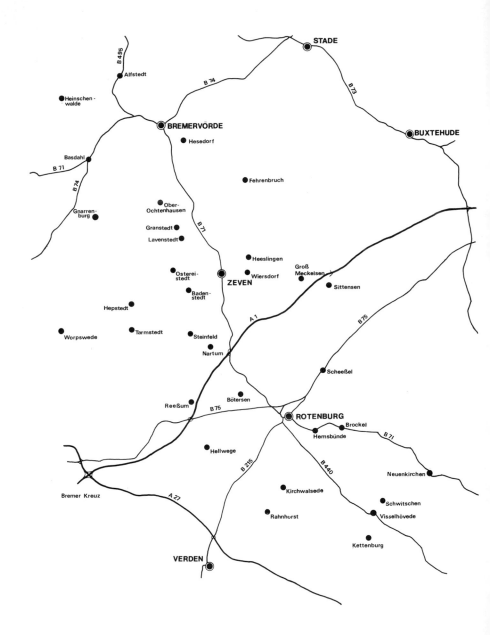

Abb. 67 Übersichtskarte

Mittelalterliche Wüstung und Burgwall bei Alfstedt

Zufahrt: Von Alfstedt die B 465 Richtung Ebersdorf fahren. Bei km-Stein 34,2 links in das Alfstedter Holz einbiegen, dort parken, dem Waldweg knapp 500 m nach SO folgen. Kurz nachdem der Weg über einen Graben führt, links in den Wald gehen. Der Ringwall liegt genau 100 m nordnordöstlich vom Waldweg entfernt (s. Lageplan Abb. 68).

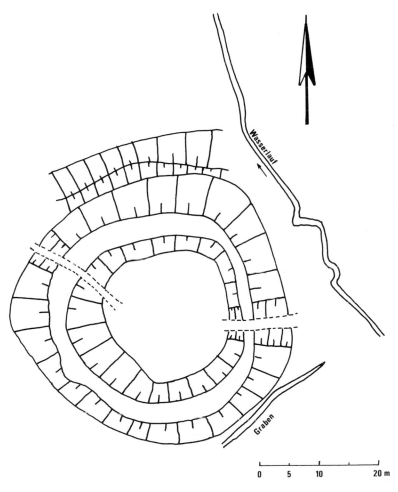

Abb. 68   Ringwall im Alfstedter Holz bei Alfstedt

139

Zugleich mit der ersten urkundlichen Erwähnung Alfstedts in einer Bremer Bischofsurkunde aus dem Jahre 1272 wird auch ein Dorf Horectorpe genannt. Der Name eines Adelsgeschlechtes von Horecthorpe ist schon für den Beginn des 12. Jahrhunderts bezeugt. Es muß in diesem Dorf demnach ein Rittersitz gewesen sein, nach dem sich die Familie nannte. Die von A. und E. Bachmann bearbeiteten Quellen lassen in der Familie Ministerialen der Stader Grafen vermuten, die nach 1272, als das Dorf mit seinen Einkünften an das Bistum Bremen fiel, als bremische Dienstmannen begegnen. Der Dorfname erscheint später in der Form Herchtorppe, Harchtorppe und Harstorb. In der Zeit zwischen 1300 und 1500 muß es aufgegeben worden sein. Der verlassene Dorfplatz (Wüstung), vor allem ein Teil der alten Ackerfluren und die Burgstelle sind in dem heute bewaldeten Gebiet noch zu erkennen. Die Burg zeigt sich noch als Ringwall mit einem äußeren Durchmesser von 40 m. Der auseinandergeflossene Erdwall ist heute etwa 10 m breit und besitzt noch 1,5 m Höhe. Direkt südlich zeigt eine nasse Rinne den früheren Bachlauf, an dessen Ufer die Burg einmal angelegt worden ist. Die geringe Größe der Anlage stellt sie zu den kleinen Ringwällen, die ebenso wie die Motten seit dem Beginn des 12. Jahrhunderts errichtet wurden. Innerhalb des Wallrings wird ebenso nur ein turmartiges Gebäude gestanden haben. Untersuchungen, die uns über die Bebauung und Dauer der Benutzung Auskunft geben könnten, fehlen noch.

Literatur:
A. und E. Bachmann, Die Gemeinde Alfstedt, Landkrs. Bremervörde. Ein Überblick über die Erdgeschichte, Ur- und Frühgeschichte und Geschichte. In: 700 Jahre Alfstedt (1974).

Burganlage Heinschenwall

Zufahrt: Der Ringwall liegt unmittelbar westlich neben der Straße von Heinschen-walde nach Hipstedt, 80 m südlich der Geestebrücke. Parken auf dem Privatgrund-stück der Ferienpension »Forsthof Heinschenwall« wird vom Eigentümer bis auf Widerruf gestattet.

Wie fast alle Burgwälle liegt auch diese Anlage unmittelbar am Flußübergang über die Geeste im Zuge des mittelalterlichen Heerweges von Bremervörde in Richtung Wesermündung. Der ursprüngliche Name der Burg ging vermutlich verloren. Im Jahre 1647 wird ein Meierhof Heinschenwall erstmalig erwähnt, der um 1700 die Bezeichnung »Hof zum Heidnischen Walle« führt. In der topographischen Landesaufnahme des Kurfürstentums Hannover ist 1764 der Name »Heidenscher Wall« vermerkt. Wahrscheinlich liegt dem erstgenannten Namen Heinschenwall die Verbindung des Bauernnamens mit der Ortsangabe der Wallburg zugrunde, wie es in Altencelle, Kreis Celle, mit dem Hofnamen »Heineke op dem Walle« in gleicher Weise der Fall ist. Dort heißt der Bauer später »Wallheinke«. Die spätere Form »Heidnischer Wall« wird in den Bereich der Volksetymologie zu verweisen sein.

Es handelt sich um einen Ringwall mit rund 140 m Durchmesser. Er liegt auf der Uferterrasse der Geestniederung, vom jetzigen Flußbett etwa 60 bis 70 m entfernt. Seit alters führte ein Weg durch die Wälle, der später als Straße von Hipstedt nach Neuebersdorf und Oerel befestigt wurde. Bei der Verbreiterung dieser Straße in neuerer Zeit wurde der südöstliche Wallabschnitt völlig zerstört, der östliche Teil wohl bereits bei Anlage des Gehöftes. Im Norden, zur Flußniederung hin, sind Wall und Graben stark abgeflacht, aber noch vorhanden, während der südwestliche Bereich sehr gut erhalten blieb (Abb. 69). Es handelt sich um einen 8 bis 11 m breiten Wall mit 2 m größter Höhe. Davor liegt eine 3 bis 5 m breite Berme mit dem vorgelagerten Graben. Die Grabenbreite beträgt ebenfalls 8 bis 11 m, die noch erkennbare Tiefe gut 1 m. Die äußere Grabenböschung wird von einer Mauer aus grob zugeschlagenen Granitsteinfindlingen gestützt. Sie stammt vermutlich aus jüngerer Zeit als der Ringwall. Im ebenen Innenraum der Burg lassen sich äußerlich keine Spuren ehemaliger Bebauung erkennen.

Genaue Untersuchungen und Ausgrabungen fanden bisher noch nicht statt. In mittelalterlichen Geschichtsquellen finden wir keine Erwähnung einer Burg, die mit dem Heinschenwall in Verbindung gebracht werden kann. So müssen alle Fragen zu Alter und Bedeutung der Anlage offenbleiben. Lediglich Form und Größe passen zu ähnlichen Ringwällen, die vom 9. bis 11. Jahrhundert errichtet wurden und überwiegend an den Flußübergängen der Fernverkehrsstraßen liegen.

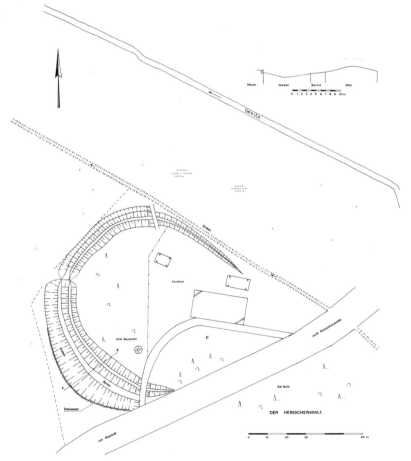

Abb. 69   Ringwall »Heinschenwall« bei Heinschenwalde

Turmhügelburg bei Heinschenwalde-Drittgeest

Zufahrt: An der Straße von Heinschenwalde in Richtung Köhlen bis zum Hofe Drittgeest. Kurz vor km-Stein 11,0 halten und den Wirtschaftsweg rechts zu Fuß einbiegen, dem Weg im Bogen nach rechts etwa 115 m folgen.

Am Rande der Niederung liegt ein von einem breiten Graben umgebener Erdhügel von 2 m Höhe. Der annähernd langrechteckige Erdaufwurf von 24 × 15 m Ausdehnung besitzt steile Böschungen und eine fast ebene Oberfläche von 11 × 20 m. Der Graben wurde in neuerer Zeit vertieft und erweitert, um als Fischteich zu dienen. Deshalb geben Form und Größe des Grabens nicht mehr den alten Zustand wieder. Ob die Grabenverbindung zum Alfbach bereits ursprünglich vorhanden war, ist unbekannt. Auch über Alter und Zugehörigkeit der Anlage liegen keine historischen

Abb. 70   Motte bei Heinschenwalde-Drittgeest

143

Quellen vor. Zweifellos handelt es sich um den Unterbau einer mittelalterlichen Turmburg, einer sog. Motte. Solche Anlagen wurden in unserem Raum seit der Wende vom 11. zum 12. Jahrhundert erbaut. Sie liegen in der Regel in feuchten Niederungen und enthielten ein einziges Gebäude oder einen Turm, den man auf einem mächtigen Erdhügel errichtete. Aus Anlagen dieser Art entwickelten sich die typischen mittelalterlichen Burgen, in denen der Turm als Bergfried weiterhin Baubestandteil blieb. Da die Motte bei Drittgeest nicht zur mittelalterlichen Burg weiterentwickelt wurde, kann sie nicht sehr lange bestanden haben. Archäologische Untersuchungen fanden bisher noch nicht statt. Wie der vermutlich ältere Ringwall »Heinschenwall« liegt auch diese Burg am alten Heerweg, der bei Drittgeest an der schmalsten Stelle die Alfgrabenniederung zwischen dem vermoorten Geestetal und den großen Moorflächen nördlich Heinschenwalde überquert (Abb. 70). Wahrscheinlich hat die Burg der Sicherung und Kontrolle des Verkehrsweges gedient und in dieser Funktion den Heinschenwall abgelöst. Sie muß zugleich Wohnsitz eines Adligen gewesen sein.

Grabhügel im Staatsforst Hinzel bei Heinschenwalde

Zufahrt: An der Straße von Oerel 90 m vor der Gabelung Heinschenwalde–Hipstedt nach O auf den Waldspielplatz einbiegen. Der Grabhügel befindet sich unmittelbar am S-Rand des Platzes.

Hier liegt einer der größten Grabhügel des Landkreises. Mit einer Höhe von 3 m und 28 m Durchmesser ragt er auch aus der Gruppe der umliegenden wesentlich flacheren Hügel heraus (Abb. 71). Im Umkreis von 80 m befinden sich in weiter Streuung drei weitere kleinere Grabhügel. Möglicherweise waren es vormals noch mehr. Auf dem schmalen Geestrücken, der sich von Köhlen über Heinschenwalde nördlich der Geestemündung hinzieht, lagen und liegen eine große Anzahl Grabhügelgruppen in geringer Entfernung voneinander. Sie enthalten alle einen oder wenige besonders große

144

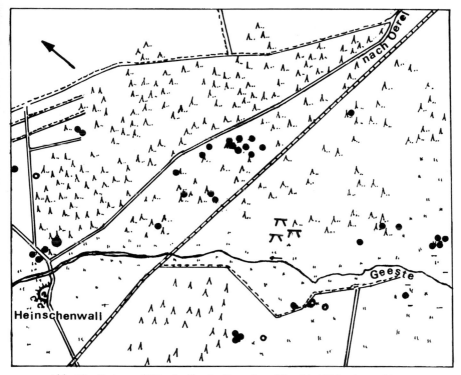

Abb. 71   Stein- und Hügelgräber im Staatsforst Hinzel bei Heinschenwalde.
🝆 Steingrab, ● Grabhügel. – M = 1 : 25 000

und mehrere kleine Hügel. Es muß allerdings offenbleiben, ob wir
es tatsächlich mit einzelnen Friedhöfen zu tun haben, oder ob es sich
nur um die Reste eines großen oder mehrerer großer zusammen-
hängender Gräbergebiete handelt, die sich beiderseits eines vorgeschichtlichen Verkehrsweges erstreckten. An drei Stellen waren
auch Megalithgräber vorhanden. Funde sind kaum bekannt geworden. Wenige Stücke stammen aus der älteren und mittleren
Bronzezeit. Ferner gibt es jungbronzezeitliche Urnennachbestat-
tungen aus einigen der Grabhügel.

145

In den großen Hügeln können wir mit mehrperiodigen Bestattungen, im Einzelfall auch einmal mit Steingräbern, rechnen. Grabmonumente dieser Größenordnung sind kennzeichnend für die nordische Bronzezeitkultur, die zeitweilig unser Gebiet mit einschloß. Südlich von Zeven kommen sie nicht mehr vor.

Hügelgräber bei Basdahl

Zufahrt: Unmittelbar am Ortsausgang in Richtung Volkmarst liegt rechts der B71 oberhalb der letzten Häuser die »Hindenburghöhe«, deren höchsten Punkt ein großer Grabhügel bildet. Fährt man auf der Straße 800 m weiter und biegt dann rechts in den ersten befestigten Wirtschaftsweg ein, gelangt man nach 1200 m an den Sieversberg.

Westlich und nordwestlich des Dorfes Basdahl befanden sich eine Anzahl besonders großer Grabhügel, entweder einzeln oder in Gruppen von zwei oder drei Hügeln. Erhalten sind davon nur noch ein Hügel von 28 m Durchmesser auf der Hindenburghöhe und der Sieversberg, der 33,5 m in der Breite und fast 5 m in der Höhe mißt. Der Sieversberg erhielt seinen Namen nach einem Mann namens Sievers, der nach mündlicher Überlieferung in mittelalterlicher oder neuerer Zeit in oder bei dem Hügelgrab begraben worden sein soll. Hügel dieser Größenordnung enthielten meist mehrere Gräber der älteren Bronzezeit, mitunter bereits erste Bestattungen der Einzelgrabkultur.

Bremervörde

Die ehemalige Kreisstadt Bremervörde erhielt ihren alten Namen Vörde von der Furt über die Oste, dem einzigen und wichtigen Übergang durch die breite Oste-Niederung. Hier verliefen im Mittelalter die Handelsstraßen von Hamburg und Stade nach Bremen. Der Weg war in der Hansezeit zugleich der Landweg von Lübeck nach Brügge.
Ein Flur- und Straßenname Brunsburg deutet auf eine nicht mehr

vorhandene Wallburg der Karolinger- oder Ottonenzeit. Schon vor 1035 muß eine Wasserburg unmittelbar an der Ostefurt gelegen haben. Im Jahre 1112 oder 1122 erbaute der Sachsenherzog Lothar von Supplinburg, der spätere Kaiser Lothar, hier eine neue Burg. Sie lag wahrscheinlich auf dem »Schloßberg«, auf dem heute das Kreishaus steht. Nach dem Sturz Heinrichs des Löwen kam die Burg mit der gesamten Grafschaft Stade an das Erzbistum Bremen. Die Erzbischöfe von Bremen verlegten bald Residenz und Zentralverwaltung nach Vörde, das erst im 16. Jahrhundert den Zusatznamen Bremisches Vörde erhielt. Seit 1682 wurden Burg und Befestigungen abgebrochen. In dem erhaltenen Gebäude der erzbischöflichen Kanzlei, dem heutigen Kreishaus gegenüber, befinden sich jetzt das Kreisarchiv und ein Teil des Kreismuseums.

Literatur:
A. Bachmann, Bremervörde. Aus vergangenen Tagen. In: Festbuch zur Jahrhundertfeier der Stadt Bremervörde. Bearb. von E. Grunwald (1952). – E. Bachmann, Bremervörde. Geschichte der Stadt. In: Führer zu vor- und frühgeschichtlichen Denkmälern Bd. 30. Das Elb-Weser-Dreieck II (1976) S. 113–116.

Das Kreismuseum in Bremervörde

Das Kreismuseum in Bremervörde verdankt seine gesamten Bestände der Sammeltätigkeit und Forschung des langjährigen Bodendenkmalpflegers und Museumsleiters August Bachmann (s. S. 20ff.). Im Laufe seiner 70jährigen Sammlertätigkeit und über 50jährigen Betreuung des Kreises Bremervörde als Bodendenkmalpfleger konnte Bachmann nicht nur vorgeschichtliche Funde von mehr als 2000 Fundplätzen, sondern auch Archivalien, geschichtliche und volkskundliche Altertümer sowie die umfangreiche Gesteinssammlung eiszeitlicher Geschiebe zusammentragen. Das Museum besteht aus mehreren Abteilungen. Im Vorwerk, einem ehemaligen Wirtschaftshof der erzbischöflichen Burg, befindet sich die volkskundliche und geschichtliche Sammlung. In einem daneben liegenden Gebäude ist die stadtgeschichtliche und kulturgeschichtliche Ausstellung eingerichtet. Ein drittes Haus ne-

Abb. 72   Kreismuseum Bremervörde im Gebäude der ehemaligen erzbischöflichen Kanzlei

ben dem Vorwerk wird ab 1984 die erdgeschichtliche Sammlung enthalten.

Die Abteilung Vor- und Frühgeschichte ist im ehemaligen Kanzleigebäude der erzbischöflichen Verwaltung unmittelbar gegenüber dem Kreishaus untergebracht (Abb. 72). Sie enthält Funde aller vorgeschichtlichen Zeitperioden aus dem ehemaligen Landkreis Bremervörde. Von einigen bedeutenden Funden aus dem Kreisgebiet, die das Landesmuseum Hannover besitzt, sind Nachbildungen vorhanden. Dazu gehören der Bildstein und die Funde aus dem bekannten bronzezeitlichen Steinkistengrab von Anderlingen. Besonders hervorzuheben sind zahlreiche Grab- und Hortfunde aus der Bronzezeit und eine Anzahl Moorfunde. Als seltenes Stück fällt ein mit Lederfaden gesäumtes Kalbsfell ins Auge. Hölzerne Wagenräder aus dem Bereich des Moorübergangs zwischen Gnarrenburg und Karlshöfen stammen den Typen nach aus verschiedenen Zeitperioden. Ein Scheibenrad mit aus der Scheibe herausgearbeiteter Nabenbuchse stammt aus der Zeit um 2300 v. Chr. Das Radiocarbondatum für einen Speichenradteil beträgt 700 n. Chr. (Abb. 92).

Auf dem Kreishausgelände hinter dem Kreismuseum in Bremervörde findet der Besucher ein bronzezeitliches Steinkistengrab, das
aus Farven hierher versetzt worden ist. Das Blocksteinkistengrab
steht ganz in der Bautradition der Großsteingräber, wenn es auch
wesentlich kleiner als ein Dolmen gebaut wurde und zweifellos nur
einem einzigen Toten als Ruhestätte diente. Die Trägersteine weisen flache Innenseiten auf. Ein Trockenmauerwerk schloß die Lük-
ken zwischen den Trägern und Decksteinen nach außen hin dicht
ab. Wie bei Megalithgräbern bedeckte ein Bodenpflaster aus Rollsteinen den Grund. Die gesamte Grabkammer mit 60 bis 70 cm
hohen Trägersteinen war vollständig in den Untergrund eingetieft,
so daß die Decksteine etwa 10 cm über Bodenniveau lagen. Ein
Grabhügel überwölbte die gesamte Anlage (Abb. 73).

Abb. 73 Bronzezeitliches Steinkistengrab aus Farven beim Kreismuseum in Bre-
mervörde

Aus dem Grab stammt als einzige Beigabe ein kleines weitmündiges Tongefäß mit schwach kegelförmigem Hals, kaum noch abgesetztem Schulterprofil und größter Bauchweite an dem rundlichen Schulterumbruch. Es besitzt eine breite Standfläche. Die graubraune Oberfläche zeigt spärliche Glättung. Für das etwa 11,5 cm hohe Gefäß kennen wir keine genauen Parallelen. Es paßt aber nach Form und Machart zu den wenigen grobgearbeiteten Tongefäßen, die überhaupt nur aus der älteren Bronzezeit bekannt sind (Abb. 74).

Abb. 74   Tongefäß. Grabbeigabe aus dem Steinkistengrab von Farven. – M = 1:2

Die Steinkistengräber gehören nach anderen Befunden in die frühe und ältere Bronzezeit. Die benachbarte Lage von Megalithgräbern, Steinkistengräbern und Grabhügeln in den Gemarkungen Farven und Fehrenbruch bezeugen ein ungebrochenes Fortleben der Bevölkerung der Trichterbecherkultur bis in die Bronzezeit (s. S. 156).

Staatsforst Höhne bei Bremervörde – Hügelgräber um den Plietenberg

Zufahrt: Von Bremervörde Richtung Hönau-Lindorf. 500 m nach Stadtausgang am Parkplatz vor dem Wald halten. Fußweg nach untenstehendem Lageplan (Abb. 75).

Nordwestlich von Bremervörde liegt auf einer hohen Moräne das Waldgebiet Höhne, das seinen Namen von einem Dorf Höne hat, welches in der Zeit um 1400 aufgegeben und verlassen wurde. In einigen Forstabteilungen sind noch die Wölbackerfluren des ehemaligen Dorfes in Form langgestreckter wallartiger Ackerstreifen zu erkennen (Forstabt. 88, 89, 92 und 93).
Drei Gruppen urgeschichtlicher Grabhügel sind in der Höhne erhalten. Das eindrucksvollste Denkmal davon ist der Plietenberg. Der 21 m breite und 1,6 m hohe Hügel wurde auf der höchsten

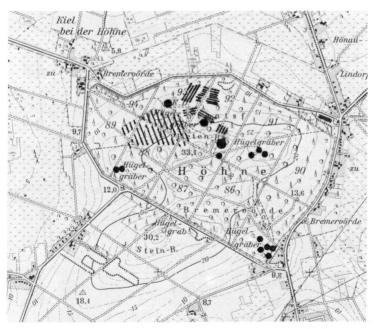

Abb. 75   Grabhügel um den Plietenberg und mittelalterliche Hochäcker im Forst Höhne bei Bremervörde. – M = 1:25000

Erhebung errichtet. Im Vergleich zu anderen Grabhügeln fällt seine abgeflachte Kuppe besonders auf. Wissenschaftlich verwertbare Ausgrabungen haben nicht stattgefunden. Doch schon im Jahre 1858 stellte der Geometer Kropp innerhalb des Hügels einen umlaufenden Steinkreis fest, wie er bei Grabhügeln häufig vorkommt, und ein 58 cm breites, den Steinkreis halbierendes Steinpflaster, für das keine Parallelen bekannt sind. Nach einer Sage soll im Plietenberg ein von der Bremervörder Burg ausgehender unterirdischer Gang enden. Das könnte ein Hinweis auf eine Verbindung zur landesherrschaftlichen Burg sein.

Der Name »Plitenberg« kommt in Niedersachsen mehrfach vor. Dabei handelt es sich fast immer um vorgeschichtliche Gräber mit abgeplatteten Kuppen. Der Plytenberg bei Leer in Ostfriesland wird für ein Normannengrab gehalten. Er soll nach sagenhafter Überlieferung früher ein Götzenbild getragen haben und war Mittelpunkt von Volksbräuchen. Ostfriesische Forscher hielten ihn für eine Gerichtsstätte und brachten den Namen mit dem Wort pleiten = prozessieren in Verbindung. E. B. Siebs und H. Wesche leiten den Namen von der Form der Hügel – plite = flach oder platt – ab. Dafür spricht auch die Bezeichnung Platenberg für Hügel ähnlicher Form im östlichen Niedersachsen.

Literaturauswahl:
A. Bachmann, Die Höhne bei Bremervörde. Mittelalterliches Dorf und Staatsforst. Rotenburger Schriften 59, 1983. – O. Höver, Woher der Name Plietenberg? Niederdt. Heimatblatt 85, 1957. – B. E. Siebs, Der Name Plitenberg. Niederdt. Heimatblatt 88, 1957. – H. Wesche, Die Plitenberge. In: Wohltmann-Festschrift (1965). – Unbekannter Verfasser, Der Plintenberg in der Höhne bei Bremervörde. Archiv des Vereins für Geschichte und Alterthümer der Herzogthümer Bremen und Verden 1862, S. 164.

Grabhügel im Stüh bei Hesedorf

Zufahrt: Von Hesedorf in Richtung Byhusen. Nach 3 km erreicht man den Staatsforst Stüh. Links der Straße liegen im letzten Teil des Waldes eine Anzahl Grabhügel.

Zwölf mittelgroße Hügel sind fast über die gesamte Fläche der Forstabteilung 45 verteilt. Das Gräberfeld zeigt die typische Lagebezogenheit mittel- und jungbronzezeitlicher Friedhöfe zu stehenden Gewässern. Hier schließt gleich südlich ein kleines Niederungsmoor an, das zur Bronzezeit wahrscheinlich noch offenes Wasser war.

Hügelgräber bei Fehrenbruch

Zufahrt: Von Ortsmitte den Mühlenweg Richtung Malstedt fahren. 150 m nach dem Friedhof liegen linker Hand die Grabhügel in einem kleinen Waldstück. Eine Erläuterungstafel gibt dem Besucher nähere Hinweise.

Das Schicksal unserer Stein- und Hügelgräber zeigt sich uns besonders deutlich in dem Grabhügelfeld am Ohreler Moor im Grenzbereich der Gemarkungen Farven und Fehrenbruch. Als der Historische Verein für Niedersachsen Anfang des vorigen Jahrhunderts begann, die urgeschichtlichen Denkmale zu verzeichnen und sich für deren Erhalt einzusetzen, wurden »Hünensteine« bei Fehrenbruch erwähnt, von denen ein Bauer bereits Stücke abgesprengt habe. Johann Carl Wächter nennt 1841 drei Steingräber in der Feldmark Fehrenbruch. 30 Jahre später vermerkte ein Bericht des Amtes Bremervörde: »Die Hünengräber bei Fehrenbruch sind völlig verschwunden.« Von A. Bachmann und E. Sprockhoff wurden im Jahre 1927 die Standorte mit Hügelresten von drei Steingräbern festgestellt, von denen sämtliche großen Steine fehlten. Die Gräber lagen inmitten einer Hügelgräbergruppe mit damals noch 30 Grabhügeln, von denen einer noch ein neolithisches Steinkistengrab enthielt. Auf Veranlassung A. Bachmanns wurde das Gräberfeld mit den letzten zwölf Hügeln im Jahre 1937 unter Landschaftsschutz gestellt. Ein Teil war Privatbesitz, ein Teil Eigentum der politischen Gemeinde. Trotz des Landschaftsschutzes entstand auf dem gemeindeeigenen Land eine Sandgrube, der weitere Hügel zum Opfer fielen. Heute sind nur noch acht Grabhügel vorhanden (Abb. 76). Das letzte Stück des Schutzgebietes entwickelte sich zum Ablageplatz für große und kleine Feldsteine, von denen zweifellos ein Teil aus den zerstörten Gräbern stammt.

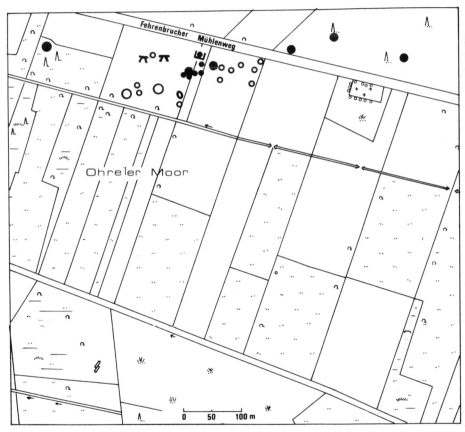

Abb. 76 Stein- und Hügelgräberfeld bei Fehrenbruch. – M = 1:25000; 𝛑 Steingrab, ▐●▌ Grabhügel mit Steinkistengrab, ● Grabhügel vorhanden, ○ Grabhügel zerstört

Am Nordrande des Ohreler Moores zieht sich in Ost-West-Richtung eine Geesterhebung aus Geschiebe- und Flugsanden hin. Auf diesem Geestrücken gab es Dünen und Windmulden, in denen z. T. Wasser stand. Um zwei dieser Wassertümpel breitete sich das Gräberfeld aus. Älteste Anlagen waren sicherlich drei Megalithgräber und die neolithische Steinkiste. Sie lagen in einer Reihe von Westen nach Osten nördlich des Wasserlochs. Ein vierter langovaler Hügel befand sich südöstlich des Tümpels. Er könnte ebenfalls eine Steinkammer enthalten haben. Es gibt jedoch keine Aufzeichnung darüber. Südlich der Wasserstelle und östlich neben dem dritten Steingrab erhoben sich drei besonders große Grabhügel, wie sie kennzeichnend für die ältere Bronzezeit sind. Zwischen den Steingräbern und großen Hügeln und weiter in östlicher Richtung lagen zahlreiche kleinere Hügelgräber. Einige von ihnen enthielten Urnengräber der jüngeren Bronzezeit. Ein Urnenfriedhof schloß sich auch nördlich direkt an die Steingräber an. Dort wurden mehrere Urnen der älteren vorrömischen Eisenzeit gefunden sowie

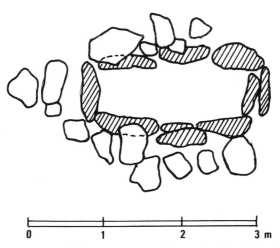

Abb. 77 Jungsteinzeitliches Steinkistengrab zu Fehrenbruch (nach H. Müller-Brauel)

155

ein sächsisches Gefäß aus der späten römischen Kaiserzeit. Die Reihe setzt sich mit einzeln liegenden großen Grabhügeln in Abständen von mehr als 100 m nach Ost-Nord-Ost in die Gemarkung Farven fort.

Aus der Mehrzahl der Grabhügel sind keine Funde bekannt. In den Hügeln der Steingräber fanden E. Sprockhoff und A. Bachmann Tonscherben mit Tiefstichverzierung. Auch das Steinkistengrab (Abb. 77) enthielt Tiefstichtonware der Trichterbecherkultur und erwies sich somit als jüngste Anlage der Großsteingräberzeit.

In den angrenzenden Feldmarken Farven und Byhusen lagen ebenso Gräberfelder mit Steingräbern und Grabhügeln. Ein Steinkistengrab in Farven (s. S. 149 f.) wurde wohl erst in Periode II der Bronzezeit errichtet. Wir haben es hier offensichtlich mit einem Siedlungsraum zu tun, in dem die Bevölkerung der Trichterbecherkultur sich ungestört in die Bronzezeit weiterentwickelte. Typische Grabhügel der Einzelgrabkultur sind bisher nicht nachgewiesen.

Literatur:
E. Sprockhoff, Zur Megalithkultur Nordwestdeutschlands. Nachrichten aus Nieders. Urgesch. 4, 1930, S. 1 ff. – Ders., Die Nordische Megalithkultur (1938) S. 52 f., Tafel 14,1.

Das Steinkistengrab von Anderlingen

Als einziges Objekt, das nicht mehr im Gelände aufgesucht werden kann, soll der bekannteste Fund des Landkreises hier ausführlicher beschrieben werden. Vor allem wegen des Bildsteines besitzt der Grabfund besondere Bedeutung weit über die Grenzen des Kreisgebiets hinaus.

Beim Abtragen eines Hügels von 25 m Durchmesser und 2 m Höhe stieß der Bauer Brandt im September des Jahres 1907 auf eine steinerne Grabkammer aus groben Steinplatten. Im Oktober untersuchte H. Müller-Brauel die Anlage und nahm die Funde aus dem Inneren der Kammer. Erst als Wochen später figürliche Darstellungen auf einem der Seitensteine entdeckt wurden, gelangte die Nachricht an das Provinzialmuseum Hannover. Nach dem Ausgrabungsbericht von H. Hahne und nachträglichen Angaben Müller-Brauels ließen sich die wichtigsten Befunde rekonstruieren (Abb. 78, 79). Um den Hügel verlief ein Kranz von Feldsteinen, darunter einige bis zu 1 m Länge. Auf der Westseite sollen sich mehrere längliche Steinpflasterungen von je etwa 2 × 1 m Größe außen vor dem Steinkranz befunden haben. In der Mitte des Hügels traf Müller-Brauel einen großen Steinhaufen an, den die Bauern dort zusammengeworfen hatten. Es handelt sich nicht, wie in

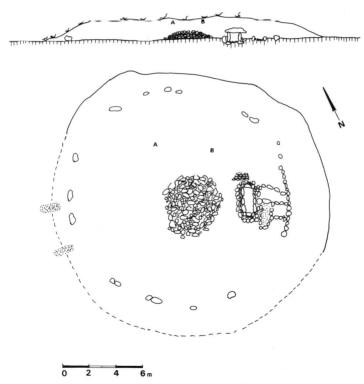

Abb. 78 Grundriß und Querschnitt durch den Grabhügel mit Steinkistengrab in Anderlingen (nach H. Hahne und H. Müller-Brauel)

157

einigen Veröffentlichungen angenommen, um einen aus Rollsteinen aufgeschichteten Kernhügel, sondern mit Sicherheit um die Reste des Hauptgrabes aus dem Hügel, dessen Form von den Bauern nicht beachtet worden war. Den Berichten nach werden noch weitere Steinsetzungen vorhanden gewesen sein. In der östlichen Hügelhälfte befand sich das Steinkistengrab. Zwischen der

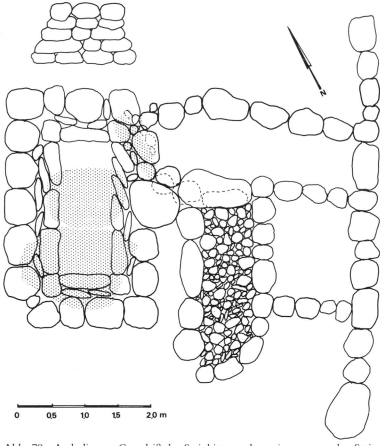

Abb. 79 Anderlingen. Grundriß des Steinkistengrabes mit angrenzenden Steinsetzungen (nach H. Hahne)

Steinkiste und den Resten der Hügelumfassung legte H. Hahne noch mehrere miteinander verbundene Steinsetzungen frei, die keine Funde mehr enthielten. Ein Bronzefragment läßt allerdings auch dort Grablegungen vermuten. Im Nordteil des Hügels fanden sich schließlich 0,5 m unter der Oberfläche drei Urnengräber und ein Körpergrab der Völkerwanderungszeit. Das Körpergrab enthielt Beigaben von besonderer Qualität: eine sächsische gleicharmige Fibel aus Bronze, vergoldet, zwei fränkische vogelförmige Fibeln aus Silber mit Vergoldung sowie ein eisernes Messer (Abb. 80).

Abb. 80   Fibeln der völkerwanderungszeitlichen Nachbestattung aus dem Grabhügel mit Steinkistengrab in Anderlingen. – M = 3:4 (nach G. Jacob-Friesen)

Die Steinkiste bestand aus plattenförmigen, z. T. künstlich gespaltenen Granitsteinen. Sie hatte eine innere Weite von 2,0 × 0,7 m und eine Tiefe von 1 m. Die ganze Anlage war 50 cm in den natürlichen Boden eingetieft. Zwischen vier pfeilerförmigen Ecksteinen standen an der nordwestlichen Seite drei Seitensteine nebeneinander. Die südöstliche Seitenwand wurde dagegen von fünf fächerartig übereinandergreifenden Platten gebildet. Die Schmalseiten schloß je ein flacher Stein mit gleichmäßigen Seitenkanten ab. Unter die Steinplatten, die mit dem spitzen Ende im Boden steckten, war je ein flacher Stein als Unterlage gesetzt. Um die Steinkiste herum, wohl zur Stabilisierung der Wände, lag ein Kranz von Feldsteinen mit durchschnittlich 50 cm Durchmesser. Dieser Steinring war etwas in den gewachsenen Untergrund eingetieft. Alle Fugen und Zwischenräume waren durch kleinere Steinplatten von außen zusätzlich verdeckt. Lehmreste zeigten, daß die Kammer von außen noch mit Lehm ummantelt bzw. verfugt gewesen sein muß. Ursprünglich lagen drei Decksteine über dem Grab. Müller–Brauel traf bei seiner Untersuchung bereits einen seit langer Zeit gestörten Befund an. Der mittlere der drei Decksteine lag außerhalb der Kammer in der gestörten Hügelaufschüttung. Der Innenraum war mit eingedrungenem Sand gefüllt. Den Boden bedeckte keine Pflasterung, doch lag in der Mitte eine flache Steinplatte auf dem Grabgrund. Unter der Platte fanden sich Holzkohlesplitter und ein gebranntes Feuersteinbruchstück. Im nordwestlichen Teil der Kammer lagen unverbrannte Knochenreste, offenbar von einer Beisetzung. Am südlichen Ende fanden sich mehrere Beigaben: ein bronzenes Absatzbeil mit Holzresten der Schäftung, eine nordische Urfibel, eine 18 cm lange Dolchklinge mit drei Bronzenieten und Resten des Holzgriffes sowie Reste einer hölzernen Dolchscheide, die mit Leder überzogen und mit bronzenen Ziernägeln versehen war (Abb. 81). Die Funde stammen aus der Periode II der Bronzezeit und geben den Zeitpunkt der Beisetzung an, die den Umständen nach die erste und einzige der Steinkiste war.

Die Innenseiten, besonders des südöstlichen Schlußsteines und der beiden südlichen Decksteine, weniger der benachbarten Seitenstei-

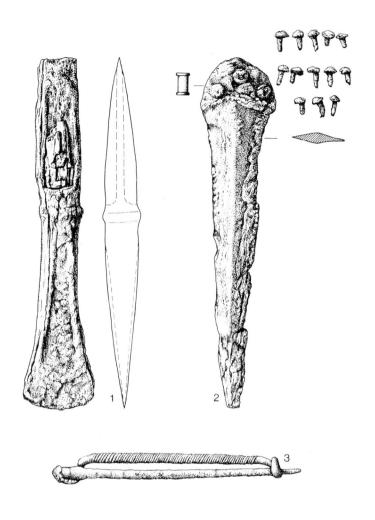

Abb. 81 Bronzezeitliche Funde aus der Steinkiste von Anderlingen. 1 Absatzbeil,
2 Dolchklinge mit Resten der Lederscheide und Nieten der Scheide, 3 Bronzefibel. –
M = 1:2 (nach G. Jacob-Friesen)

ne, zeigten starke, von zwei verschiedenen Feuern herrührende Rußverfärbungen. Auf der Westseite fand sich außerhalb der Steinkammer unmittelbar an der Rollsteinumfassung ein Häufchen Asche mit verkohltem Holz.

Der südöstliche Wandstein trägt auf der Innenseite drei in den Stein eingeschlagene menschliche Figuren (Abb. 82). Von ihnen sind die beiden links abgebildeten Gestalten eindeutig alt, an der rechten haben Dorfbewohner unmittelbar nach der Entdeckung herumgeklopft, ohne sie wohl bedeutsam zu verändern. Vermutlich nur

Abb. 82 Bildstein aus dem Steinkistengrab von Anderlingen (nach H. Hahne)

durch die Struktur der Steinoberfläche bedingt, ist diese Figur von den beiden anderen etwas abgesetzt. In die linke, ebene Seite der Fläche sind zwei offenbar männliche Gestalten eingeschlagen, die eine mit erhobenen Handen und nach links gewendeten Füßen, die andere nach rechts gewandt – ebenfalls mit erhobenen Händen, in der rechten Hand ein Beil tragend. Beide Figuren sind gleich groß und gleich proportioniert. In die rauhere Fläche rechts davon ist die dritte Gestalt nicht so deutlich eingearbeitet. Sie erscheint ein wenig kleiner und dicker als die beiden anderen und hält – ebenfalls nach rechts gewendet – die Arme erhoben. Die Figuren durchbrechen die ersten Feuerspuren des Steines, sie sind also erst nach Errichtung und Bedeckung der Steinkammer eingearbeitet worden. Die Verfärbung des zweiten Feuers geht über die linke Hälfte der Darstellung hinweg. Es hat daher noch ein Feuer nach dem Anbringen der Bilder vor dem endgültigen Verschluß des Grabes darin gebrannt. Technik und Art der erkennbaren Darstellungen finden deutliche Entsprechungen in skandinavischen Felszeichnungen der Bronzezeit, die im allgemeinen als kultische Darstellungen angesehen werden, wenn auch die Deutungen im einzelnen stark voneinander abweichen. In Skandinavien kommen auch bildliche Darstellungen auf den Seitenwänden von Steinkistengräbern vor, davon sind die Bilder im sog. Königsgrab bei Kivik in Schonen am bekanntesten. Die dort dargestellten Szenen zeigen u. a. ebenfalls Gestalten mit erhobenen Händen sowie einzelne Äxte.
Man hat die Bilder als Zeremonien bei Totenfeiern gedeutet. Da wir uns mit dem Anderlinger Grab am Südrand des nordischen Kreises der Bronzezeit befinden und es sich um eine Steinkiste derselben Zeitepoche handelt, müssen wir diese Erklärung auch in Erwägung ziehen. Im Vergleich mit schwedischen Felsbildern ist das Bild auf dem Anderlinger Stein aber auch als Götterdreiheit angesprochen worden. Demnach könnte die Gestalt mit der erhobenen Axt den axt- oder hammerschwingenden Donnergott darstellen, die Gestalt mit den gespreizten Fingern den Sonnengott, welcher im alten Indien ähnlich dargestellt wurde. Die dritte Figur unseres Steines ist nicht deutlich genug zu erkennen, so läßt sich auch nicht sehen, ob sie ebenfalls mit einem Götterattribut verse-

Abb. 83   Weitere Bildelemente auf dem Anderlinger Bildstein (nach D. Evers)

hen war. Auf einem Abreibebild des Anderlinger Steines hat D.
Evers neuerdings weitere Bildelemente gesehen. Dazu gehört ein
girlandenartiger Bogen oberhalb der Figuren und möglicherweise
eine vierte kleinere zwischen den bereits bekannten Gestalten
(Abb. 83). Er weist auch darauf hin, daß die zweite Figur eine
Tiermaske zu tragen scheint. Evers möchte eine Baldur-Szene in
dem Bild erkennen. Seine Betrachtungen werden auf jeden Fall zu
einer neuen exakten Untersuchung des Steines führen.
Die Steinkiste mit den angrenzenden Rollsteinsetzungen wurde in
den Innenhof des Niedersächsischen Landesmuseums, Hannover,
überführt. Eine Nachbildung des Bildsteines und Abformungen
der Funde befinden sich in der Schausammlung des Kreismuseums
Bremervörde.

Literatur:
T. Capelle, Felsbilder in Nordwestdeutschland. Acta Archaeologica 43, 1972, S. 229 ff. – D. Evers, Neue Bildelemente am Stein von Anderlingen. Archäologisches Korrespondenzblatt 11, 1981, S. 105 ff. – H. Hahne, Bericht über die Ausgrabung eines Hügels bei Anderlingen, Krs. Bremervörde. Jahrb. des Provinzialmuseums Hannover 1907/1908, S. 13 ff. – G. Jacob-Friesen, Der Götterstein von Anderlingen, Krs. Bremervörde. In: K. H. Jacob-Friesen, Einführung in Nieders. Urgeschichte 2. Bronzezeit (1963⁴), S. 286 ff. – Ders., Der Hügel mit Steinkiste von Anderlingen. In: Führer zu vor- und frühgeschichtl. Denkmälern 30. Das Elb-Weser-Dreieck II (1976), S. 124 ff. – C. Redlich, Der »Dreigötterstein« von Anderlingen. Nachr. aus Nieders. Urgeschichte 32, 1963, S. 34 ff.

Gräber der Trichterbecherkultur bei Granstedt

Zufahrt: Am westlichen Ortsausgang von Granstedt den letzten Weg im Ort nach rechts einbiegen und etwa 700 m folgen. Kraftfahrzeuge am Sperrschild parken. Nach 300 m Fußweg ist die Grabhügelgruppe linker Hand zu sehen.

Nach den von A. Bachmann vermerkten alten Überlieferungen befanden sich auf dem »Sandberg« und »Steinberg« in der Gemarkung Granstedt früher mindestens 16 urgeschichtliche Grabhügel. Elf der Hügel sollen nach mündlicher Überlieferung Steinkammern aus Findlingsblöcken enthalten haben. Das älteste Verzeichnis der urgeschichtlichen Denkmale aus dem Jahre 1834 nennt nur noch ein Steingrab bei Granstedt. Wo es sich befunden hat, weiß heute niemand mehr. Möglicherweise gehörte es in die jetzt untersuchte Gruppe. Überliefert ist nur, daß die Steine daraus in den Jahren 1852 bis 1856 für den Chausseebau verwendet wurden. Von den im Lageplan (Abb. 84) verzeichneten Gräbern sind nur noch die Hügel Nr. 27, 28, 29, 31 vorhanden. Die Denkmäler Nr. 27 und 29 zeigen deutliche Spuren herausgerissener Steingräber. Die Ausgrabung an der Stelle des Hügels 32 ergab die Standspuren eines Megalithgrabes mit mindestens sieben Trägersteinpaaren sowie Funde tiefstichverzierter Tonscherben.

Der kleine Grabhügel Nr. 31 enthielt kein Steingrab, sondern mindestens zwei nichtmegalithische Gräber der Trichterbecherkultur. Die Nordhälfte des Hügels war bereits abgegraben (Abb. 85). Im erhaltenen Teil der Anlage kamen bei der Ausgrabung zwei Stein-

165

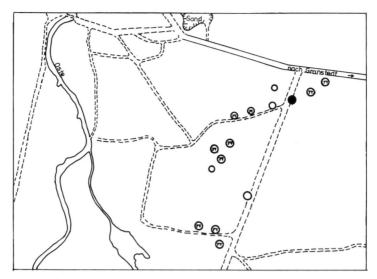

Abb. 84 Neolithisches Gräberfeld bei Granstedt. ○ Grabhügel, ⊗ Hügel mit Hinweisen auf Megalithgräber, ● Grabhügel mit Erdgräbern der Trichterbecherkultur. – M = 1 : 10 000

setzungen zum Vorschein (Abb. 86): Grab A besaß eine Innenfläche von 2,7 × 1,05 m in Nord-Süd-Richtung. An den beiden Schmalseiten standen aufrechte Steinplatten. Ringsherum verlief die rechteckige Einfassung aus zwei Schichten faust- bis kinderkopfgroßer Rollsteine. Am östlichen Ende der Grabstelle befand sich auf dem Grund nur auf halber Breite der Anlage ein rechteckiges Pflaster. Zwanzig kleine Steine lagen mit flachen Seiten nach oben in einem 45 × 45 cm großen Rechteck. An der südlichen Schmalseite des Grabes stand eine unverzierte flache Tonschale. Ferner enthielt das Grab zwei Feuersteinbeile und drei querschneidige Pfeilköpfe. Da es sich um eine verhältnismäßig breite Steinsetzung handelt und die Steinpflasterung nur die halbe Breite der Anlage einnimmt, könnten wir es mit einem Doppelgrab zu tun haben. Es besteht aber auch die Möglichkeit, daß der Tote an der östlichen Langseite lag, damit neben ihm Raum für die Grabbeiga-

166

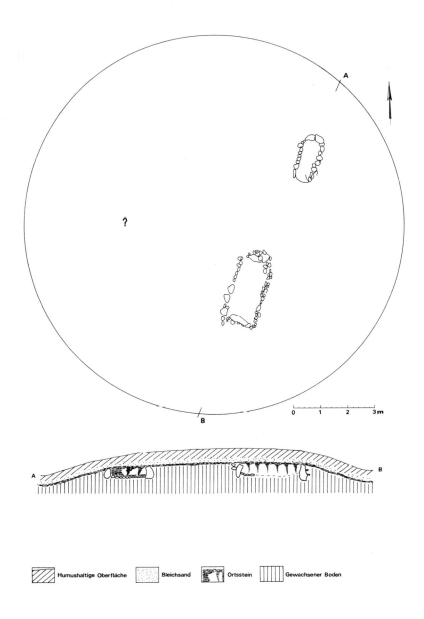

Humushaltige Oberfläche · Bleichsand · Ortsstein · Gewachsener Boden

Abb. 85   Granstedt. Grabhügel mit Erdgräbern der Trichterbecherkultur, Hügel-
grundriß und -querschnitt

Abb. 86   Granstedt. Steinsetzung eines Erdgrabes der Trichterbecherkultur

ben blieb. Denn in der östlichen Hälfte stand nur das Tongefäß. Alle anderen Beigaben lagen auf der Westseite.

Grab B lag ebenfalls in Nord-Süd-Richtung. Aufgrund seiner Innenmaße von 1,3 × 0,6 m müssen wir es wohl als Kindergrab ansprechen. Es besaß ebenso an den Schmalseiten größere aufrecht stehende Steinplatten und eine Rollsteinumfassung. Hier war jedoch die gesamte Innenfläche mit rundköpfigen kleinen Steinen gepflastert. Die einzige Beigabe war ein dünn-nackiges Flintbeil. Oberhalb beider Grabstellen fanden sich nicht tiefer als 30 cm über der Grabsohle mehrere stark verwitterte Tonscherben, z. B. mit Tiefstichverzierung. Die Gefäße oder Scherben befanden sich nur über den Grabstellen, nicht sonst in der Hügelaufschüttung. Sie müssen oberhalb niedergestellt oder gelegt worden sein, nachdem die Gräber bereits geschlossen und bedeckt waren. Entsprechende Beobachtungen wurden in Himmelpforten und Issendorf, Kreis Stade, ebenfalls in neolithischen Flachgräbern gemacht.

Um das Kindergrab verlief in 25 bis 30 cm Abstand von den Umfassungssteinen eine Reihe von »Pfostenverfärbungen«. Ungefähr alle 24 cm muß ein Holz von etwa 5 bis 8 cm Dicke senkrecht im Boden gesteckt haben. Diese Hölzer dienten sicherlich als Wandstützen einer Grabkammerauskleidung. Wir haben es also nicht mit einfachen Erdgräbern zu tun, sondern mit kleinen hohlen Grabkammern, denen vielleicht dieselbe Glaubensvorstellung wie den Steingräbern zugrunde liegt. Die Höhe der Grabkammern ließ sich nicht ermitteln. Wenn die darüberstehenden Tongefäße nicht abgesunken sind, war die Kammer höchstens 45 cm hoch. Wenn sie beim Einsturz des Hohlraumes tiefer rutschten, wird die Innenhöhe nicht mehr als 70 cm betragen haben. Der Hügel besaß vor dem Überpflügen im Jahre 1963 noch eine Höhe von 0,6 m und einen Durchmesser von 9 m. Die beiden Gräber lagen in seiner Südhälfte. Der nördliche Teil war bereits abgegraben und der Untergrund im Bereich des jetzigen Weges mit dem Tiefpflug restlos durchwühlt. Nach dem Pflügen fand ein Schüler ungefähr im Bereich der zerstörten Hügelhälfte ein Feuersteinbeil. Wir können daher wenigstens mit einem weiteren Grab im nördlichen Teil des Hügels rechnen.

Der Grabhügel wurde so rekonstruiert, daß die beiden Gräber durch ein Fenster im Hügelanschnitt zu sehen sind. In den mit Flechtwerk und Spaltbohlen versteiften Grabkammern stehen Nachbildungen der Grabbeigaben.

Von 16 Hügeln des Gräberfeldes enthielten elf Steingräber, vielleicht auch Steinkisten, und einer zeitgleiche Gräber ohne Steinkammern. Daher dürfen wir vermuten, daß auch die restlichen vier, meist kleineren Hügel ebenfalls derselben Zeitepoche angehörten. Es muß sich daher um einen der größten Friedhöfe der Trichterbecherkultur gehandelt haben. Interessant ist ferner, daß er keine Fortsetzung mit bronzezeitlichen Anlagen fand.

Literatur:
Ausführliche Veröffentlichung durch W. D. Tempel in Vorbereitung.

Hügelgräber bei Ober Ochtenhausen

Zufahrt: Von Ober Ochtenhausen nach S bis zum Friedhof, dann linker Hand dem mit gelbem Pfeil markierten Wanderweg 650 m folgen.

In einem Wiesengelände liegt eine Gruppe besonders eindrucksvoller großer Grabhügel, die sich im anschließenden Wald noch fortsetzt (Abb. 87). Wohl schon Anfang des Jahrhunderts hat H. Müller-Brauel in einigen der Hügel gegraben. Ein Teil der Bronzefunde aus seiner Sammlung mit der Fundortangabe Ober Ochtenhausen wird von diesen Gräbern stammen. Darunter sind Funde aus der Einzelgrabkultur, der frühen und älteren Bronzezeit. Die größten Hügel messen heute noch 26 bis 28 m im Durchmesser und 3,5 m Höhe (Abb. 88).

Abb. 87   Grabhügel südwestlich Ober Ochtenhausen. – M = 1:5000

170

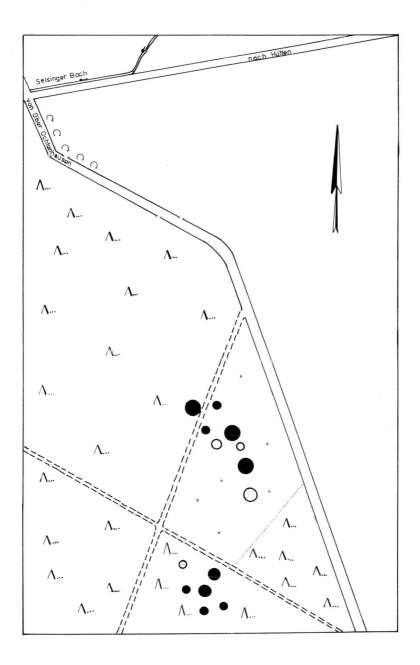

Abb. 88   Grabhügelfeld bei Ober Ochtenhausen

Ringwall Altenburg bei Ober Ochtenhausen

Zufahrt: Von Ober Ochtenhausen nach W über die Ostebrücke. Nach 300 m rechts in asphaltierten Feldweg einbiegen, der nach 1,4 km am Hof Altenburg endet. Von Sandbostel aus ist keine Zufahrt möglich. Innerhalb der noch gut zur Hälfte erhaltenen Wallanlage liegt ein bewohnter und bewirtschafteter Bauernhof. Besucher müssen den Hofbereich nicht betreten. Sie können die am besten erhaltenen Teile der Wallanlage gut übersehen, wenn sie den Weg westlich um die Burg gehen und am NW-Ende auf den Wall steigen.

Die in der Literatur mehrfach als »Altenburg bei Sandbostel« bezeichnete Anlage gehörte immer zur Gemarkung Ober Ochtenhausen. Historische Quellen geben uns über ihre Funktion und die älteren Besitzverhältnisse leider keine Auskunft. Beziehungen zum Grafen von Stade, die K. Weidemann vermutete, sind nicht nachweisbar. Seine Annahme beruhte auf dem Namenzusammenhang zwischen den Ministerialen de Godehusen und der Hofstelle Gosehus neben der Altenburg. Die Herren von Godehusen hießen je-

172

doch nach dem Ort Godehusen, der heute den Namen Godenstedt führt. Dagegen könnte das Ministerialengeschlecht von Ochtenhusen hier seinen Sitz gehabt haben, bevor die Turmhügelburg südwestlich des Dorfes entstand. Ein bedeutender Flußübergang wird in der Nähe der Altenburg nicht gewesen sein. Der Platz selbst wird um 1500 als Olde borchstede im Vörder Register genannt. Er ist damals unbewohnt und befindet sich zu der Zeit ebenso wie die Wiesen ringsum in erzbischöflichem Besitz. 1581 wohnt dort ein Meier. 1711 wird die Meierstelle als königliche Brinkkate bezeichnet.

Am Rande der Osteniederung liegt heute noch der größte Teil der Wallanlagen. Seit der Zeichnung durch C. Schuchardt im Jahre 1905 sind nur die damals schon stark abgeflachten Wallteile auf der Süd- und Südostseite weiter abgetragen worden (Abb. 89). Im

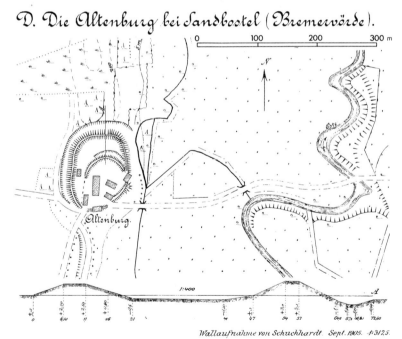

Abb. 89   Plan der Altenburg bei Ober Ochtenhausen (nach C. Schuchardt)

173

Osten grenzt der äußere Wall an die Osteniederung und nutzt die steile Uferböschung mit aus, so daß hier die künstliche Aufschüttung geringer ist und ein Graben entfallen konnte. Im Westen sind dagegen besonders hohe Aufschüttungen vorgenommen worden. Hier besteht jetzt noch ein Höhenunterschied von 4,5 m zwischen Wallkrone und Grabenmitte. Der Wall mißt hier 17 m Breite und 3,5 m Höhe, der Graben 10 m Breite und noch 1 m Tiefe. Im Inneren des Wallrundes befindet sich noch ein Kernwerk, das den südöstlichen Teil durch einen ringförmig bis ovalen Wall von 60 bis 70 m Durchmesser abtrennt. Der äußere Wall hat die Form eines abgerundeten Rechtecks von 120 × 90 m Innenfläche.

Nach Angaben von A. Bachmann aus dem Jahre 1940 soll eine Eisenlanzenspitze aus karolingischer Zeit von der Altenburg stammen und in das Väterkunde-Museum nach Bremen gelangt sein. Ausgrabungen haben bisher nicht stattgefunden. So läßt sich auch nicht entscheiden, ob der innere oder der äußere Ringwall zuerst erbaut wurde. Aufgrund der Größe der Anlage und der Mächtigkeit von Wall und Graben wird der Außenwall im 9. oder 10. Jahrhundert entstanden sein.

Literatur:
A. C. Förste, Die Ministerialen der Grafschaft Stade im Jahre 1219 und ihre Familien. Hrsg. vom Stader Geschichts- und Heimatverein (1975) S. 38 ff. – A. von Oppermann und C. Schuchardt, Atlas vorgeschichtlicher Befestigungen in Niedersachsen (1888–1916), Nr. 131 u. Atlasblatt 67-D. – K. Weidemann, Frühmittelalterliche Burgen im Land zwischen Elbe- und Wesermündung. Führer zu vor- und frühgeschichtlichen Denkmälern 30. Das Elb-Weser-Dreieck II (1976) S. 188 ff.

Ober Ochtenhausen. Turmhügelburg »Borbarg«

Zufahrt: Von Ober Ochtenhausen nach W über die Ostebrücke, dem ersten Wirtschaftsweg links parallel zur Oste etwa 750 m nach S folgen. Dann ist der Hügel links in der Niederung zu sehen. Der Borbarg (Burgberg) liegt in nassen Wiesen und ist trockenen Fußes kaum zu erreichen. Soweit sich Vieh auf der Weide befindet, können die eingezäunten Koppeln nur mit Erlaubnis der Eigentümer betreten werden.

Unmittelbar neben einer Osteschleife erhebt sich aus der Niederung der mächtige mit Eichen bewachsene Erdblock, eine sog. Motte, auf der einmal eine Turmhügelburg gestanden hat. Um den nahezu viereckigen Hügel von 55 × 40 m Durchmesser und 2,5 m Höhe zieht sich ein flacher, kaum noch erkennbarer Graben von 8 m Breite. Zwischen dem Hügel und der Flußschleife erkennt man nur bei kurzem Grasbewuchs drei flache Bodenrinnen mit davorliegenden Wällen von nur 20 bis 30 cm Höhenunterschied. Die Bedeutung dieser Gräben, die zweifellos in Verbindung mit dem Turmhügel stehen, bleibt vorläufig unklar. Befestigungsanlage werden sie kaum gewesen sein, wohl aber können sie mit einem Zugang zum Fluß zu tun haben. Archäologische Untersuchungen fanden bisher noch nicht statt, auch ist nichts über Funde von dem Burgplatz bekannt. Der Hügel liegt mit 50 m Abstand so dicht am Fluß und abseits befahrbarer Straßen, daß man sich die Funktion der Anlage nur in Verbindung zum Wasserweg vorstellen kann. Historische Quellen sind nicht vorhanden (Abb. 90).

Abb. 90   »Borbarg«. Turmhügel in der Osteniederung bei Ober Ochtenhausen

In Ober Ochtenhausen (Ochtenhusen) wird 1333 ein Rittersitz an das Rittergeschlecht von Zesterfleth verkauft. Schon 1218 war ein Hinric van Oftinghusen (später Ochtenhusen) Vogt des Pfalzgrafen Heinrich auf der Burg Vörde. Diese Familie saß sicherlich auf dem Rittersitz in Ober Ochtenhausen. Es ist durchaus möglich, daß sich ihre erste Burg auf der Motte in der Ostenidederung befand. Vielleicht war diese sogar bereits Nachfolgeburg eines älteren Ringwalls wie der Altenburg, deren Name auf einen jüngeren Nachfolgebau deutet.

Literatur:
C. A. Förste, Die Ministerialen der Grafschaft Stade im Jahre 1219 und ihre Familien (Hrsg. vom Stader Geschichts- und Heimatverein 1975), S. 38 ff.

Gnarrenburg. Großsteingrab im Eichholz

Zufahrt: Von der Ortsmitte mit großen Wegweisern ausgeschildert. Der »Waldstraße« in nordwestlicher Richtung folgen, 500 m nach Ende der Bebauung Fahrzeug abstellen, 180 m Fußweg durch den Wald.

Seit dem Jahre 1893 waren die »Reste eines Steingrabes« verzeichnet. Um 1900 sind sie in das Regierungsinventar der schützenswerten vorgeschichtlichen Denkmale aufgenommen worden und beschrieben. Bei der Aufnahme durch E. Sprockhoff für den Atlas der Megalithgräber im Jahre 1927 fehlte bereits der größte, 1893 noch beschriebene Deckstein von 2,62 × 1,36 m Größe. Ein weiterer größerer Stein wurde nach dem Zweiten Weltkrieg von Unbekannten entfernt. Die akute Gefahr vor weiterer Zerstörung durch unbefugte Grabungen veranlaßte J. Deichmüller, in den Jahren 1966 und 1967 die Anlage zu restaurieren und im Zusammenhang damit zu untersuchen (Abb. 91).
Das breite Schmelzwassertal vom Teufelsmoor bis in die Ostenidederung verengt sich südöstlich Gnarrenburg auf etwa 1 km. Diese sog. Gnarrenburger Moorbrücke wurde schon in vorgeschichtlicher Zeit benutzt, wie mehrere hölzerne Moorwege und zahlreiche Moorfunde, darunter auch ein neolithisches Wagenrad, belegen

Abb. 91 Gnarrenburg. Steingrab im Eichholz während der Ausgrabung (nach J. Deichmüller)

(Abb. 92). Der Weg führt dann am Westrand der Niederung weiter nach Norden, und an diesem Wege befindet sich auch die Grabhü gelgruppe mit dem Steingrab. 50 m östlich des Steingrabes liegt ein sehr großer Grabhügel, der ebenfalls ein Steingrab bergen könnte. Dazwischen lassen sich noch mindestens zwölf kleinere Hügel erkennen. Die Hügelgräbergruppen schließen häufig an Steingräber und deuten auf ein Fortleben der neolithischen Bevölkerung am selben Ort bis in die ältere Bronzezeit. Da bei der Untersuchung des Steingrabes auch eisenzeitliche Urnen zutage kamen, möchte man noch weitere Urnengräber vermuten und kann sich eine Bevölkerungskontinuität über die jüngere Bronzezeit bis in die ältere Eisenzeit vorstellen.

Den Hügelrand umgab ein Steinkranz von schräg hochkant gesetzten Feldsteinen von 40 bis 70 cm Höhe. Um die Steinkammer saß eine dichte Packung faust- bis kürbisgroßer Rollsteine, die unmittelbar an die Tragsteine der Grabkammer anschloß. Ursprünglich muß eine Schicht lehmigen Bodens von etwa 20 bis 30 cm Stärke den Steinhügel und vermutlich auch die Grabkammer bedeckt

Abb. 92   Jungsteinzeitliches Wagenrad. Moorfund bei Gnarrenburg (Kreismuseum Bremervörde). – M = 1 : 8

haben. Der Boden war offensichtlich abgerutscht und abgespült und bedeckte jetzt den unteren Hügelteil.

Die Untersuchung ergab das Bild einer Grabkammer von etwa 4,5 m Länge mit vier Trägersteinpaaren. Von den Trägersteinen stand nur noch die nördliche Reihe, zwei von der südlichen Reihe und der östliche Schlußstein. Ein Deckstein war noch vorhanden. Die erhaltenen Tragsteine waren in Form und Maß uneinheitlich, anstelle des westlichen Schlußsteines war die Kammer an der südwestlichen Schmalseite mit einer Trockenmauer aus Feldsteinen verschlossen gewesen. Reste von 24 Tongefäßen stammten aus der spätesten Phase der Trichterbecherkultur. Die wenig exakte Bauweise der gesamten Anlage ebenso wie die späten Keramikformen machen deutlich, daß wir es mit einem der jüngsten Megalithgräber überhaupt zu tun haben. Die Anlage zeigt deutliche Merkmale des Verfalls der alten Techniken.

Nachbestattungen mit Beigaben der anschließenden Einzelgrabkultur deuten weniger auf fremde Zuwanderer oder Eroberer als auf das Fortbestehen der Siedlungs- und Bestattungsgemeinschaft während der Zeit neuer kultureller Einflüsse, wie auch die anschließenden jüngeren Grabhügel auf ein Fortbestehen der Siedlung in noch späteren Perioden hinweisen.

Literatur:
J. Deichmüller, Das Steingrab im Eichholz bei Gnarrenburg, Kreis Bremervörde. Neue Ausgrabungen und Forschungen in Niedersachsen 7, 1972, S. 24 ff.

Sittensen. Grabhügel der Einzelgrabkultur und älteren Bronzezeit

Zufahrt: Königshof-Allee bis zum Parkplatz beim Königshof, dort parken und dem mit einer Krone markierten Wanderweg parallel zum Oste-Ufer 1200 m nach W folgen. In dem südlich an den Weg anschließenden Wald liegen die Hügelgräber in Streulage.

Etwa 1,5 km westlich des Königshofes wendet sich der Flußlauf der Oste in fast rechtem Winkel nach Süden. Genau in diesem Winkel befindet sich auf einer sandigen Anhöhe eine Gruppe von noch fünf Hügeln. Sie bildet den Rest eines Gräberfeldes, das mindestens aus 13, wahrscheinlich mehr Hügeln bestand. Alle noch vorhandenen Gräber scheinen bereits durchwühlt zu sein. Von den Stellen der verpflügten Grabhügel stammen sowohl Funde der Einzelgrabkultur als auch geflügelte Feuersteinpfeilspitzen aus der älteren Bronzezeit, z. T. aus demselben Hügel (Abb. 93). Am Westrand des Gräberfeldes wurde als Einzelfund eine gestielte Pfeilspitze aufgelesen, die wohl der Glockenbecherkultur zuzuweisen ist. Wir haben es offensichtlich mit einem Bestattungsplatz zu tun, der in der Zeit der Einzelgrabkultur beginnt und in der älteren Bronzezeit weiterbesteht.

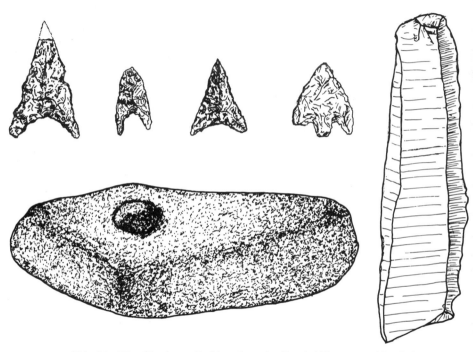

Abb. 93   Einzelfunde aus Grabhügeln an der Oste bei Sittensen. – M = 2:3

Ringwall beim Königshof in Sittensen

Zufahrt: Von der Hauptstraße in die Königshof-Allee einbiegen und bis zum Ende (Parkplatz) fahren. Der Ringwall liegt nördlich des Bauernhofes. Zugang über die Freilichtbühne.

Unmittelbar am westlichen Ortsrand von Sittensen liegt ein großer Bauernhof, der seit dem Mittelalter den Namen »Königshof« führt. Daraus möchte man auf ein altes Königsgut schließen. Einige Autoren verweisen darauf, daß Karl der Große auf dem Wege nach Hollenstedt hier die Oste überquert haben kann. Urkunden über die Besitzverhältnisse vor dem 13. Jahrhundert liegen nicht vor. Das Vorhandensein einer Wallburg in Verbindung mit der Bezeichnung Königshof läßt einen frühen Stützpunkt und Verwaltungssitz für Königsgut vermuten.

Im 13. Jahrhundert ist hier Grundbesitz der bremischen Ministerialen von der Lühe nachweisbar. Die älteren historischen Quellen belegen nur, daß seit der Zeit Ludwigs des Frommen der bremischen Kirche Königsgut in größerem Umfang übertragen wurde. Dazu wird vermutlich auch Sittensen gehört haben. Der heutige Ort entwickelte sich östlich des Königshofes. Ende des 14. Jahrhunderts hat die Grundherrschaft ihren Sitz im heutigen Burgsittensen. Über die Dauer der Benutzung des Ringwalls gibt es weder historische noch archäologische Quellen.

Der nur teilweise erhaltene Wall umschloß U-förmig, nahezu rechteckig mit abgerundeten Ecken, eine Fläche von ungefähr 75 × 120 m Durchmesser. Die Enden des Wallbogens reichen bis unmittelbar an das Steilufer der Oste. Das Flußufer fällt hier 2 bis 3 m steil ab, so daß im Uferbereich keine Wallbefestigung erforderlich war (Abb. 94).

Heute zeigen sich die Wälle als flach auseinandergeflossene Erddämme von 8 bis 10 m Breite und nur noch 1 m Höhe. Der herabgeflossene Wallfuß geht ohne erkennbare Berme gleichmäßig in den vorgelagerten Graben über. Der Graben ist ebenfalls 9 bis 10 m breit und noch 0,7 bis 1 m tief. Archäologische Untersuchungen haben noch nicht stattgefunden. Deshalb ist weder über eine

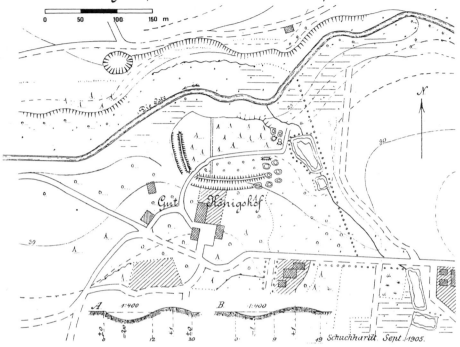

Der Königshof bei Sittensen (Elsdorf).

Abb. 94   Plan des Ringwalls beim Königshof Sittensen (nach C. Schuchardt)

Bebauung des Innenraums noch über die Konstruktion von Wall und Graben Näheres bekannt. Zugeschlagene Steine im Südosten der Anlage gehören nicht dazu, sie sind hier neuzeitlich abgelagert. Zufällige Keramikfunde innerhalb des Walles stammen aus der römischen Kaiserzeit und scheinen mit der Epoche der Burg nichts zu tun zu haben. Vier Scherben sind frühmittelalterlich, darunter ein Randstück, das vermutlich aus dem 12. Jahrhundert stammt. Wegen der annähernd rechteckigen Form der Anlage könnte es sich um ein Kastell der Zeit Karls des Großen handeln. Betrachten wir jedoch andere vergleichbare Anlagen wie die Heilsburg bei Wiersdorf (s. S. 186 ff.) und den Heinschenwall (s. S. 141 f.), die nach der Quellenlage nicht von Kaiser Karl angelegt worden sein können, so zeigen alle drei Burgwälle etwa U-Form. Deshalb dürfen wir auch hier eine der Burgen sehen, die in der Zeit vom 9. bis 11. Jahrhundert zur Festigung der Landesherrschaft überwiegend an wichtigen Flußübergängen entstanden.

Literatur.
A. von Düring, Ehemalige und jetzige Adelssitze im Herzogtum Bremen (1938) 76 ff. – A. von Oppermann u. C. Schuchardt, Atlas vorgeschichtlicher Befestigungen in Niedersachsen (1888–1916) Nr. 143 und Blatt 73 A. – K. Weidemann, Frühmittelalterliche Burgen im Land zwischen Elbe- und Wesermündung. In: Führer zu vor- und frühgeschichtlichen Denkmälern Bd. 30, Das Elbe-Weser-Dreieck II (1976) S. 186 ff.

Heimathaus Sittensen

Bäuerliche Hofanlage. Niedersachsenhaus als Versammlungs- und Tagungsstätte. Im Dachgeschoß museale Ausstellung, erwähnenswert sind vor allem bäuerliches Haus- und Arbeitsgerät, Ziegeleigerät und das Inventar mehrerer Handwerkerwerkstätten, wenige vorgeschichtliche Funde.

Träger: Samtgemeinde Sittensen und Heimat- und Verkehrsverein Sittensen. Öffnungszeiten nach Vereinbarung (Fernruf 0 42 82-54 22).

Groß Meckelsen. Hügelgräber im Staatsforst Hasenheide

Zufahrt: Von der Straße Groß Meckelsen–Sittensen bei km-Stein 12,8 links abfahren. Nach Überquerung der Bahn Fahrzeug abstellen und dem ersten Waldweg rechts folgen. Die Grabhügel liegen beiderseits dieses und des nächsten links abbiegenden Waldweges.

Hier liegt ein Gräberfeld mit mehr als 20 mittleren und kleineren Hügeln. Offensichtlich sind die Mehrzahl der Gräber bereits durchwühlt. Doch wir wissen nicht, ob und was für Funde aus diesen Hügeln stammen.

Grabhügel im Kuhbachtal zwischen Groß Meckelsen und Volkensen

Zufahrt: Von Groß Meckelsen in Richtung Zeven, nach 1 km in Richtung Volkensen abbiegen. Am Ende des Waldes auf dem Waldparkplatz Fahrzeug abstellen.

Von den im Kreis Rotenburg noch recht zahlreich erhaltenen Hügelgräberfeldern wird in diesem Führer verständlicherweise nur eine Auswahl genannt. Wegen der besonders schönen Lage soll dabei auch auf das Wandergebiet Kuhbachtal hingewiesen werden. Hier findet der Wanderer beiderseits der Oste und im Einmündungsbereich des Kuhbachs mehrere Grabhügel in Einzellage und weitgestreuten Gruppen (Abb. 95). Aufgrund ihrer Lage wird es sich um Hügel der Einzelgrabkultur und älteren Bronzezeit handeln.

Abb. 95   Grabhügel im Kuhbachtal bei Groß Meckelsen

184

Südlich der Ortschaft Heeslingen fließt die Oste durch ihr breites tiefeingeschnittenes Urstromtal. Beiderseits der Flußniederung zeigt uns die fast ununterbrochene Reihe vorgeschichtlicher Grabhügel, daß der Fluß selbst oder das erhöhte Ufer ein Hauptverkehrsweg der Bronzezeit war. Darüber hinaus sehen wir an der Verbreitung der Grabhügel einen von Nordnordwest nach Südsüdost verlaufenden Verkehrsraum, der bei Heeslingen die Oste überquert hat. Vermutlich war Heeslingen auch im frühen Mittelalter Kreuzungspunkt von Hauptwegen. Hier gründete ein Graf Hed um die Mitte des 10. Jahrhunderts ein Nonnenkloster, das im Jahre 1141 in das 5 km entfernte Zeven verlegt wurde.

Die Mehrzahl der Grabhügel ist heute nicht mehr vorhanden. Zwischen Heeslingen und Offensen liegen beiderseits der Straße noch einige Gräber. Am östlichen Ende der Hügelgräberreihe sollen früher Großsteingräber gewesen sein. Westlich von Offensen befand sich eine Gruppe von acht Hügeln der Einzelgrabkultur mit dem sog. Hexenberg, der von H. Müller-Brauel ausgegraben wurde.

Literatur:
E. Bachmann, Das Kloster Heeslingen-Zeven. Verfassungs- und Wirtschaftsgeschichte (1966). – G. Meyer, Geschichte des Klosters Heeslingen-Zeven und der Kirchengemeinde Zeven (1925). – H. Müller-Brauel, Der »Hexenberg« am Wege Brauel–Offensen, Krs. Zeven. Mannus 1, 1909, S. 262 ff.

Historische Hohlwege an der Oste in Heeslingen

Am Ortsausgang von Heeslingen in Richtung Osterheeslingen sieht man unmittelbar gegenüber vom Friedhof in den Hang zur Osteniederung bis zu 3 m tief eingeschnittene Hohlwege. Auch am westlichen Friedhofsrand ist noch eine tiefe Wegerinne erhalten. H. Müller-Brauel hielt die wie gewaltige künstliche Gräben wirkenden Wegetrassen für die Reste einer Wallburg. Er glaubte, hier die

Burg des Grafen Hed, dem Begründer des Klosters Heeslingen, gefunden zu haben und prägte den irreführenden Namen »Hedsburg«. Die Burg des Hed könnten wir eher in der 1,7 km entfernten Heilsburg vor uns haben, wie es bereits eine Amtsbeschreibung von 1721 angibt.

Die Heilsburg bei Hof Adiek, Gemeinde Wiersdorf

Zufahrt: Eine Zufahrt zur Burganlage gibt es nicht. Vom Hofe Adiek aus ist der Zugang durch Zusammenlegung der Felder getrennt worden. Von Weertzen aus besteht die Möglichkeit, auf ungebahnten Wegen am Oste-Ufer entlang zur Heilsburg zu gelangen: von Weertzen in Richtung Zeven, nach der Ostebrücke kurz vor dem Ortsausgang die letzte Straße rechts einbiegen und am Ende der Straße parken, zunächst in derselben Richtung dem Feldweg folgen, dann in gleicher Richtung noch 300 m durch wegloses Gelände auf der Böschung zur Ostenniederung.

Auf dem Steilufer im Winkel zwischen der Oste und dem einmündenden Röhrsbach oder Ahebach liegt im dichten Laubwald ein Ringwall, der in der mündlichen Überlieferung den Namen Heilsburg führt. Der Burgplatz liegt erhöht in Spornlage zwischen Fluß- und Bacheinschnitt. Die Innenfläche von 60 × 70 m umschließt ein doppelter Wall mit zwei Gräben. Am Steilabfall zum Röhrsbach sind deutlich Uferpartien abgerutscht. Hier ist kein Wall mehr vorhanden. Die Einbiegung des östlichen Innenwalls läßt jedoch vermuten, daß der Innenwall ursprünglich auch hier vorhanden war. Auf Außenwall und Gräben konnte wegen der 4 m hohen Böschung zum Bach hin gut verzichtet werden. Im Südwesten sind Außenwall und Gräben eingeebnet. An der Mulde im Ackerland kann man den Verlauf gerade noch erkennen. Nur in einem Teilstück im Südosten sind beide Wälle und Gräben in eindrucksvoller Größe erhalten geblieben. Hier besitzt der Hauptwall noch eine Breite von 17 m und Höhe von 1,7 m. Beide Gräben sind 16 bis 18 m breit und noch bis zu 2,2 m tief. Ein Tordurchlaß bestand im Süden. Ausgrabungen fanden bisher nicht statt. Die Anlage gehört im Typ zu den Burgwällen des 9. bis 10. Jahrhunderts. C. Schuchardt berichtet von Tonscherben, die aus dem 9. Jahrhundert stammen können (Abb. 96).

Abb. 96   Plan der Heilsburg beim Hof Adiek in Wiersdorf (nach C. Schuchardt)

Eine späte historische Quelle weist die Burg dem Gründer des Klosters Heeslingen zu, der sie im 10. Jahrhundert bewohnt haben soll. Im Kreisarchiv Bremervörde befindet sich die Amtsbeschreibung des Zevener Amtmannes von 1721. Darin heißt es: »Ohnferne Adyck an dem Oste Fluß fast Osterheeslingen gegenüber aber wiewohl etwas höher näher Weertzen hinauf ist noch eine alte mit zwei Gräben umgeben gewesene Burgstelle zu sehen, die gemeiner Tradition nach Heilßburg genannt, worauf im 10. Seculo Graf Hatto der Stifter des Klosters Heeslingen, so aber Anno circiter 1150 nacher Zeven verleget, gewohnt haben soll.« Ob die Angaben

187

des Amtmanns auf sicherer Überlieferung beruhen oder einer Deutung seiner Zeit entsprangen, läßt sich nicht klären.

Literatur:
A. von Oppermann und C. Schuchardt, Atlas vorgeschichtlicher Befestigungen in Niedersachsen (1888–1916) Nr. 130, Atlasblatt 67-C.

Zeven

Zeven liegt im Zuge eines alten Heerweges, der von Bremervörde parallel zur Osteniederung nach Süden verlief und in der Gemarkung Brauel die Oste überquerte. Hier stieß auch ein von Sittensen südlich der Oste verlaufender Weg auf die Nord-Süd-Strecke. Der Hauptweg wird früher über Heeslingen verlaufen sein. Doch wird der Ort Zeven bereits im 10. Jahrhundert mit dem Namen Kivinaná zweimal erwähnt, weil er dem Kloster Heeslingen zehntpflichtig war. Das Stift Heeslingen wird dann bald nach 1141 an den abgeschiedeneren Ort Scivena (Zeven) verlegt. Dem Kloster verdankt der Ort sicherlich sein Wachstum. Im 17. Jahrhundert wurde Zeven Amtssitz mit der Verwaltung in den ehemaligen Klostergebäuden.

Literatur:
E. Bachmann, Das Kloster Heeslingen-Zeven. Verfassungs- und Wirtschaftsgeschichte (1966). – U. Boeck, Die St. Viti-Kirche in Zeven. Große Baudenkmäler, Heft 268 (1973). – G. Meyer, Geschichte des Klosters Heeslingen-Zeven und der Kirchengemeinde Zeven (1925).

Zevener Heimatstuben

Heimatmuseum, Klostergang. Besichtigung nach Anmeldung bei der Stadtverwaltung.
Mit geringsten Geldmitteln entstand im Jahre 1969 vor allem durch tatkräftigen freiwilligen Einsatz ein städtisches Heimatmuseum. Neben umfangreichen kulturgeschichtlichen und stadtgeschichtlichen Sammlungen nimmt die vorgeschichtliche Ausstellung be-

trächtlichen Raum ein. Sie enthält vor allem große Teile der Privatsammlung Maack sowie eine Anzahl Funde aus dem Nachlaß des Heimatforschers Hans Müller-Brauel. An Müller-Brauel erinnern auch zahlreiche Bilder, Sammlungsgegenstände und die gesamte Einrichtung seines Arbeitszimmers.

Die Steinahlkenheide bei Badenstedt

Zufahrt: Über Oldendorf: von Oldendorf in Richtung Badenstedt 600 m nach den letzten Häusern den asphaltierten Wirtschaftsweg links einbiegen und 1,4 km folgen. Nach Überquerung der Bahnschienen noch 500 m in derselben Richtung auf unbefestigtem Feldweg.

Das größte erhaltene Hügelgräberfeld des Landkreises liegt am Rande eines Niederungsmoores, dem Schünsmoor. Älteste Anlage ist ein Megalithgrab. Von hier aus zog sich eine Kette großer, einzeln in weitem Abstand liegender Grabhügel in Richtung Oldendorf. Der Größe nach werden sie wohl aus der älteren Bronzezeit stammen. Heute sind sie weitgehend zerstört. Am südwestlichen Ende der Grabhügelreihe befand sich das Gräberfeld mit über 100 mittelgroßen bis sehr kleinen Hügeln, von denen noch rund 70 vorhanden sind (Abb. 97). Der überwiegende Teil scheint bereits durchgraben zu sein. Nach Angaben Müller-Brauels wurden um 1904 von Dorfbewohnern zahlreiche Urnengräber der jüngeren Bronzezeit und vorrömischen Eisenzeit ausgegraben. Ein Hügel in unmittelbarer Nähe des Megalithgrabes enthielt eine Steinplattenkiste von 1 m Länge und 0,8 m Breite mit einer Deckplatte. Darin sollen drei Urnen gestanden haben. Ein von Müller-Brauel untersuchter Hügel besaß vier aufrecht aus dem Hügel herausragende Steine von Eimergröße, die im Rechteck gestellt waren. Einige der Urnen hatte Müller-Brauel erworben.
J. Deichmüller untersuchte die Reste des Steingrabes. Es zeigte sich als so tiefgründig zerstört, daß weder die Größe der Grabkammern noch die Standspuren der Seitensteine zu erschließen waren. Wenige Tonscherben und Leichenbrandsplitter stammten von bronze-

oder eisenzeitlichen Nachbestattungen, die Müller-Brauel bereits geborgen hatte (Abb. 98).

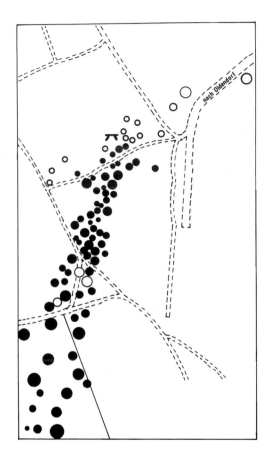

Abb. 97   Gräberfeld auf der Steinahlkenheide bei Badenstedt. – M = 1:5000;
● Grabhügel vorh., ○ Grabhügel zerstört, ⊼ Steingrab

Abb. 98 Badenstedt. Reste des Steingrabes während der Untersuchung (nach J. Deichmüller)

Hügelgräberfeld bei Lavenstedt-Eitzte

Zufahrt: Von Seedorf Richtung Eitzte – Eitzmühlen bis zum ersten Bauernhof fahren. Dort Fahrzeug abstellen und zu Fuß dem Feldweg zwischen den Hofgebäuden folgen. Nach 700 m liegen die Grabhügel überwiegend auf der rechten Seite des Weges in Wald und Wiesenland.

Das Gräberfeld erstreckt sich auf einem leicht nach Südosten zur Flußniederung hin abfallenden Hang. Die größten Grabhügel liegen in Wegnähe an höchster Stelle, kleinere Hügel weiter hangabwärts im Wald. Sie gruppieren sich halbkreisförmig um ein Quellgebiet, dessen Wasser in mehreren Gräben in die nahe Oste abfließt. Auch hier haben Grabungen H. Müller-Brauels stattgefunden, über die keine ausführlichen Berichte erhalten sind. Im größten Hügel von 31 m Durchmesser und 3,5 m Höhe liegt ein von der Seite bis zur Mitte vorgetriebener Eingrabungsschacht noch offen. Zwei offensichtlich aus dem Hügel kommende Findlingssteine stammen der Größe nach wohl kaum von einem Megalithgrab, können jedoch sehr wohl zu einer bronzezeitlichen Blocksteinkiste gehört haben. Nach einer Notiz Müller-Brauels hat er in einem Hügel eine Steinkammer und Tonscherben mit Tiefstichornament gefunden. Hier liegt wahrscheinlich ein Gräberfeld, das von der Trichterbecherkultur bis in die Bronzezeit belegt worden ist (Abb. 99).

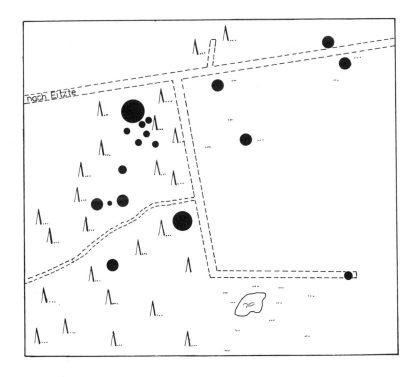

Abb. 99   Grabhügelfeld bei Lavenstedt-Eitzte. – M = 1:5000

Ostereistedt. Großsteingrab im Staatsforst bei Wennebostel

Zufahrt: Von Ostereistedt nach SW zum Gehöft Wennebostel, 100 m weiter parken und nach untenstehendem Lageplan (Abb. 100) den Waldwegen folgen.

Von dem stark beschädigten Steingrab läßt sich die Form noch erkennen, wenn auch die meisten Decksteine und einige Träger fehlen. Die Richtung ist ungefähr Nordost-Südwest. Die lange Steinkammer besaß wohl einmal sieben Trägersteinpaare und zwei seitliche Schlußsteine. An ursprünglicher Stelle stehen noch der nordöstliche Schlußstein sowie neun Tragsteine an den Langseiten.

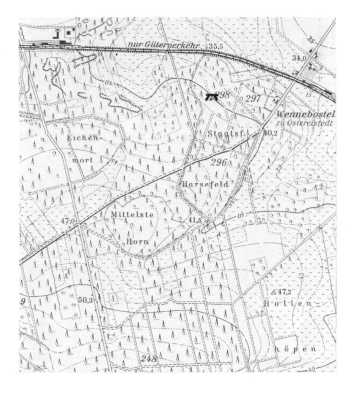

Abb. 100   Lageplan des Steingrabes im Staatsforst bei Ostereistedt. –
M = 1:25000

193

Abb. 101   Steingrab von Ostereistedt im Jahre 1930 (nach E. Sprockhoff)

Der Eingang befand sich offensichtlich in der Mitte der südöstlichen Langseite. Ein Deckstein liegt in der Kammer, ein zweiter außerhalb der Kammer. Weitere umherliegende Steine gehören sicher zum Grab (Abb. 101).

Literatur:
E. Sprockhoff, Atlas der Megalithgräber Deutschlands, Tl. III: Niedersachsen – Westfalen (1975), S. 29, Nr. 647.

Hepstedt. Grabhügel im Staatsforst Ummel

Zufahrt: Der Wald ist für privaten Kraftverkehr gesperrt. Anfahrt von Breddorf am Bahnhof vorbei bis an den Waldrand. Von dort zu Fuß in derselben Richtung weiter, den zweiten Waldweg zwischen Forstabteilung (Jagen) 540 und 541 nach links einbiegen. Nach 180 m weist rechter Hand ein kleines Schild zum Hügelgrab in den Wald hinein.

Abb. 102   Steinhügel im Waldgebiet »Ummel« bei Hepstedt

Hier lagen mehrere Grabhügel in weitem Abstand auf der Hochfläche. Nach der Teilzerstörung bei Forstarbeiten konnte ein Hügel aufgedeckt und restauriert werden (Abb. 102). Unter einer Erdbedeckung von etwa 40 bis 50 cm Stärke kam ein Steinhügel zum Vorschein, dessen Mitte bereits von der Planierraupe herausgeschoben war. Eine Reihe besonders großer Feldsteine von je 45 bis 55 cm Länge befand sich im Mittelteil. Wir müssen deshalb eine Steinsetzung für eine längliche, mannsgroße Grabanlage vermuten. Darüber war ein Haufen von faust- bis kürbisgroßen Steinen getürmt worden. Funde wurden nicht mehr beobachtet, wenige unbestimmbare Spuren verbrannter Knochen deuten auf eine Brandbestattung. Nach Aussagen des Raupenfahrers, der den Fund meldete, hatte er bereits früher in 60 m Entfernung einen Hügel derselben Bauart abgetragen. Weitere Hügel in der Umgebung sind noch nicht untersucht.

Steinhügel dieser Art sind im nördlichen Niedersachsen sehr selten. Dagegen kommen flache, mit Steinen abgedeckte kleinere Hügel über Urnengräbern der Wessenstedt-Stufe am Übergang von der Bronzezeit zur Eisenzeit recht häufig vor. Unserem Befund sehr ähnlich war die Grabanlage im Osterberg bei Harsefeld. Sie enthielt ein kleines Steinkistengrab mit den Innenmaßen von 90 × 70 cm. Senkrecht stehende Steinplatten bildeten die 60 cm hohen Seitenwände. Darüber lag eine Deckplatte. Das ganze überwölbte ein Hügel von faust- bis eimergroßen Rollsteinen. In der »Grabkammer« fanden sich ein Häufchen Leichenbrand sowie bronzene Grabbeigaben aus der Periode V der Bronzezeit.

Der Hepstedter Hügel besaß keine Grabkammer aus plattenartigen Steinen, sondern die gestörte Steinsetzung in der Mitte des Hügels bestand aus nicht gespaltenen Rollsteinen von ausgesucht ähnlicher Form. Sie waren 45 bis 55 cm lang, etwa 30 cm hoch und 20 bis 30 cm dick. Sie lagen in Ost-West-Richtung auf rund 2 m Länge. Die anderen Seiten waren schon entfernt. Wir können deshalb eine langrechteckige Grabgrube von wenigstens 2 m Länge vermuten. Der Rollsteinhügel umschloß das Grab mit faust- bis kürbisgroßen Steinen bis zu 60 cm Gesamthöhe und 9 m Breite. Das ganze bedeckte ein Erdmantel von etwa 40 bis 50 cm Stärke.

Solche Steinhügel, in Skandinavien Röser genannt, zeigen uns einen nordischen Einfluß, den wir in der Bronzezeit des Elbe-Weser-Dreiecks vielfach beobachten können. Die Abdeckung des Hepstedter Hügels mit einer Erdschicht ebenso wie beim Stader Osterberg und den noch jüngeren Buckelgräbern der Wessenstedtstufe verweisen unser Grab ebenso in die jüngere Bronzezeit. Da es sich um eine längliche Steinsetzung in Form eines Körpergrabes handelt, kommt vor allem die Zeitperiode IV der Bronzezeit in Betracht, in der sich die Brandbestattung gegenüber der Körperbestattung schon weitgehend durchgesetzt hat. Gelegentlich streute man jedoch den Leichenbrand noch in Särgen oder Steinsetzungen der Form von Körpergräbern aus.

Literatur:
W. D. Tempel, Steinhügel der Bronzezeit. Rotenburger Schriften 1984 (in Vorbereitung).

Gräberfeld bei Hepstedt-Wiste

Zufahrt: Von Hepstedt Richtung Kirchtimke, 1,4 km nach Überquerung der Bahnlinie rechts in Richtung Segelflugplatz/Westertimke abbiegen. Nach 250 m parken und unmittelbar nach dem Wald dem Feldweg rechts noch 125 m zu Fuß folgen.

In Kiefernwald und Heidegelände liegt hier in schöner landschaftlicher Lage eines der eindrucksvollsten Hügelgräberfelder des Landkreises. Die überwiegend vor langer Zeit ausgegrabenen Hügel wurden z. T. durch Verfüllen der Eingrabungsmulden wieder restauriert. Eine Erläuterungstafel erklärt dem Besucher die Bauart bronzezeitlicher Grabhügel.

Tarmstedt. Hügelgräber im Ausstellungsgelände

Zufahrt: Von der Wilstedter Straße in den Wendohweg einbiegen. 750 m nach dem Bahnübergang liegen die Grabhügel rechts neben dem Weg im Wiesenland.

In fast allen Teilen der Feldmark Tarmstedt befanden sich früher Hügelgräber und Urnenfriedhöfe. Sie sind überwiegend der Debauung des Ortskerns zum Opfer gefallen (Abb. 103). Im Ausstellungsgelände östlich des Dorfes sind noch vier eindrucksvolle Grabhügel erhalten geblieben. Zu ihrem Schutz haben sie neue Steinkränze um den Hügelfuß erhalten, wie sie für bronzezeitliche Denkmäler typisch sind. Aus dem Bereich der verpflügten Hügel in der Nachbarschaft stammen viele an der Oberfläche aufgelesene Feuersteindolche. Sie zeigen, daß zumindest das Grabhügelfeld östlich Tarmstedts zur Zeit der späten Einzelgrabkultur bereits belegt worden ist.

Heimatstube im Tarmstedter Spieker

Privateigentümer Johann Thölken, Bremer Landstraße.
In zwei Fachwerkspeichern hat der Eigentümer seine Altertumssammlung ausgestellt. Kern dieser Sammlung sind zahlreiche vor-

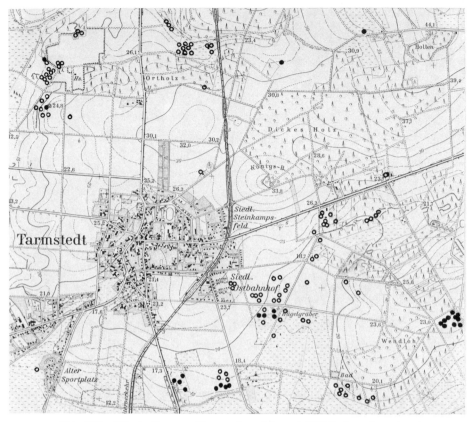

Abb. 103   Hügelgräber um Tarmstedt. – M ca. 1:36000; ● noch vorhanden
Hügel, ○ zerstörte Hügel, soweit nachweisbar

geschichtliche Funde aus der weiteren Umgebung Tarmstedts so-
wie einige zur Abrundung erworbene Fundstücke aus anderen
Landschaften Norddeutschlands. Ausgestellt sind ferner bäuerliche
Haus- und Arbeitsgeräte. Im Sommerhalbjahr finden wechselnde
Gemäldeausstellungen norddeutscher Künstler statt.

198

Vor dem Tarmstedter Spieker steht ein 1 m hoher und 88 cm breiter Rillenstein, der aus einem Acker südlich des Dorfes stammt. Die genaue Fundstelle ist nicht untersucht worden. Unweit des Fundplatzes haben früher auch Hügelgräber gelegen. Der Stein enthält auf seiner flachen »Schauseite« eine 5 bis 6 cm breite und 8 bis 9 cm tief ausgearbeitete Rille. Sie verläuft im Gegensatz zu den meisten anderen Rillensteinen nicht waagerecht, sondern in Form eines nach oben offenen Halbkreises. Dadurch wirkt die Vorderansicht fast wie der Umriß eines breiten menschlichen Körpers, dessen Kopf durch die Rille hervorgehoben wird. W. Wegewitz möchte den Stein deshalb in die Gruppe der anthropomorphen

Abb. 104   Rillenstein in Tarmstedt

199

(menschenförmigen) Plastiken einordnen. Wenn auch die Deutung unklar bleibt, wird man am vorgeschichtlichen Alter der Steinbearbeitung wohl kaum zweifeln. Sowohl der Fundplatz wie auch die Art der Darstellung und Bearbeitungstechnik schließen eine neuzeitliche oder mittelalterliche Herstellung aus (Abb. 104). Nach Aussagen des Finders lag der Stein auf einer Rollsteinpflasterung und wird deshalb in der gleichen Weise wie der Stein von Borchel (s. S. 214 f.) und andere Rillensteine einem magischen oder kultischen Zweck gedient haben.

Literatur:
W. Wegewitz, Rillen- und Rinnensteine: Wenig beachtete Denkmäler der Vorzeit. Archäologisches Korrespondenzblatt 13, 1983, S. 355 ff.

Steinfeld. Megalithgrab im Spachelsberg

Zufahrt: Landstraße von Steinfeld Richtung Kirchtimke – Zeven. Genau bei Km-Stein 15,0 liegt das Denkmal unmittelbar neben der Straße in einem kleinen Wäldchen.

Eine Grabkammer mit vier Trägersteinpaaren und zwei seitlichen Schlußsteinen liegt noch in einem runden Erdhügel. Die beiden mittleren Decksteine sind erhalten, vom östlichen Deckstein liegt noch ein Bruchstück neben der Grabkammer. Auf der Westseite liegt ein schmaler Deckstein, der nach Aussagen von Dorfbewohnern nach 1945 anstelle eines fehlenden dazugelegt worden ist, aber ursprünglich nicht dazugehörte. Nach der Lage der vorhandenen zweieinhalb Decksteine muß die Grabkammer über den vier Trägersteinpaaren ursprünglich fünf Decksteine besessen haben. Der mittlere Deckstein lag über dem Eingang und ruhte nur auf den äußersten Kanten aller vier mittleren Tragsteine. Nach dem Bericht Martin Mushards hatte ein Beamter der hiesigen Gegend (der Ottersberger Amtmann Justus Johann Kelp) schon vor fast 300 Jahren mit einer Untersuchung des Grabes begonnen, wobei er verzierte Tonscherben fand. Doch schon nach dem ersten Tage brach er sein Unternehmen wieder ab, weil ihn des Nachts die im

Grabe ruhenden Helden im Traum bedrohten (s. S. 13 f.). Danach
hat, abgesehen von Steinsuchern, wohl erst H. Müller-Brauel das
Grab durchgraben und dabei tiefstichverzierte Keramikscherben
gefunden, von denen nichts erhalten geblieben ist. Auch sind keine
Beschreibungen oder Berichte vorhanden. Die Nachuntersuchung
im Jahre 1983 zeigte, daß der Inhalt einschließlich des Bodenpfla-
sters restlos ausgeräumt war. Der bei Sprockhoff als fehlend vermerkte nordwestlichste Tragstein fand sich jedoch in 1,6 m Tiefe
in der Grabkammer wieder. Die jüngste Untersuchung erstreckte

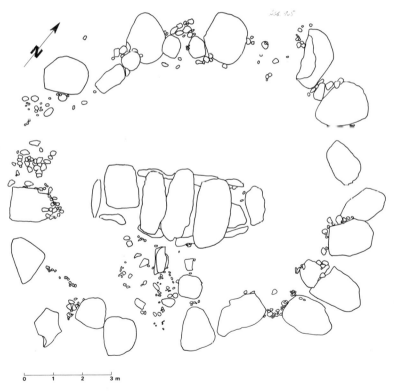

Abb. 105   Steinfeld. Steingrab im Spachelsberg, Zustand vor der Restaurierung

Abb. 106   Steinfeld. Steingrab im Spachelsberg, restauriertes Zwischenmauerwerk der Hügelumfassung

sich nur auf den Bereich der Grabkammer und des Gangs innerhalb des Hügels. Dabei fanden sich noch zwei Seitensteine des Zugangs und wenige unverzierte gelbliche Tonscherben außen im Gang. Im Zusammenhang mit dieser Untersuchung wurden das stellenweise erhaltene Zwischenmauerwerk und das Bodenpflaster erneuert. Bei der Freilegung des Hügelrandes kamen zu den fünf sichtbaren noch 13 weitere Umfassungssteine zum Vorschein. Lediglich drei der Steine fehlten. Sie wurden durch passende Findlinge ersetzt. Nach Aufrichtung aller Steine zeigt sich der Hügelrand heute in einer Form, die dem ursprünglichen Zustand ähnlich sein wird. Die Umfassungsmauer besteht überwiegend aus wesentlich größeren Findlingen als die Trägersteine der Grabkammer. Zwischen den Steinen der Hügelumfassung muß sich wie zwischen den Tragsteinen der Grabkammer ein Zwischenmauerwerk befunden haben, das ein Abfließen der Hügelerde verhinderte. Erhalten war davon nichts. Doch standen jeweils am Fuß zwischen den großen Umfassungssteinen kleinere Findlinge, die die Mauer fest verkeilten (Abb. 105, 106).

Literatur:

W. Blasius, Megalithische Grabdenkmäler des nordwestlichen Deutschlands. 10. Jahresbericht des naturwissenschaftlichen Vereins zu Braunschweig 1897, S. 279. – E. Sprockhoff, Atlas der Megalithgräber Deutschlands. Tl. III, Nr. 649, Atlasblatt 19.

Steinfeld. Megalithgrab im Steinfelder Holz

Zufahrt: Von Steinfeld die Straße Richtung Nartum, nach 500 m bei der Gabelung links den Wirtschaftsweg bis an den Waldrand, dort Kraftfahrzeug parken, zu Fuß noch 300 m in derselben Richtung. Das Steingrab liegt etwa 30 m links des Weges im Hochwald.

900 m liegt dieses Grab von der ersten Anlage entfernt. Es wird deshalb zu einer anderen Siedlung gehört haben. Die Grabkammer liegt fast in Nord-Süd-Richtung. Sie bestand aus drei Trägersteinpaaren, zwei seitlichen Schlußsteinen und drei Decksteinen. Vollständig erhalten blieb das südliche Ende mit einem mächtigen

Abb. 107   Steingrab im Steinfelder Holz

Deckstein (Umschlagbild). Auf der östlichen Langseite fehlt ein Träger. Die erhaltenen Tragsteine sind mit besonderer Sorgfalt zugeschlagen und stehen ohne Zwischenmauerwerk dicht Seite an Seite. Am südlichen Schlußstein ist an der Innenseite sogar ein rechter Winkel herausgeschlagen worden.
Die technischen Merkmale stellen das Denkmal zu den erweiterten Dolmen. Aufgrund der Größe steht es bereits am Übergang zu den Ganggräbern. Wir haben es ohne Zweifel mit einer Sonderform und zugleich mit der frühesten erhaltenen Anlage im Landkreis Rotenburg zu tun. Ein zweiter Deckstein liegt verstürzt, der dritte fehlt (Abb. 107).

Literatur:
W. Blasius, Megalithische Grabdenkmäler des nordwestlichen Deutschlands. 10. Jahresbericht des naturwiss. Vereins zu Braunschweig 1897, S. 279. – E. Sprockhoff, Atlas der Megalithgräber Deutschlands. Tl. III, Nr. 650, Atlasblatt 17, Tafel 12.

Nartum. Großsteingrab »Hünenkeller«

Zufahrt: Kraftfahrzeug am Dorffriedhof abstellen. Südlich vom Friedhof führt ein Weg zum Steingrab.

Unter einem mächtigen Eichenbaum stehen die Reste eines Megalithgrabes (Abb. 108). Vier Trägersteinpaare bildeten ursprünglich eine rechteckige Grabkammer mit etwa 6 m Innenlänge. Drei Decksteine und drei Trägersteine fehlen bereits. Ein Deckstein liegt in der Kammer. Der Zugang befand sich offensichtlich in der Mitte auf der Südostseite.

Literatur:
Rodde, Neues Vaterländisches Archiv 1826, S. 139. – E. Sprockhoff, Atlas der Megalithgräber Deutschlands. Tl. III: Niedersachsen und Westfalen (1973), S. 31 und Atlasblatt 20.

Abb. 108   Steingrab am Ortsrand von Nartum

Grabhügel am Schlippenmoor zwischen Taaken und Reeßum

Zufahrt: Auf der Verbindungsstraße von Taaken oder Reeßum bis zum Abzweig der Straße nach Horstedt. Auf den beiden nächsten nach W führenden Feldwegen gelangt man jeweils zu einer im Wald liegenden Grabhügelgruppe (Abb. 109).

Von dem Hügelgräberfeld sind leider ein Teil der Denkmale beim Sandabbau zerstört worden. Vorhanden sind noch je eine Gruppe beiderseits der Gemarkungsgrenze, durch die ehemalige, inzwischen wieder verfüllte Sandgrube getrennt. Soweit Aufzeichnungen vorliegen, waren es mindestens 32 Grabhügel von 10 bis 18 m Durchmesser, die dicht am Niederungsmoor errichtet worden waren. Möglicherweise bestand zur Belegungszeit des Friedhofs noch ein Gewässer, das erst später vermoort ist. Wir können im Raum

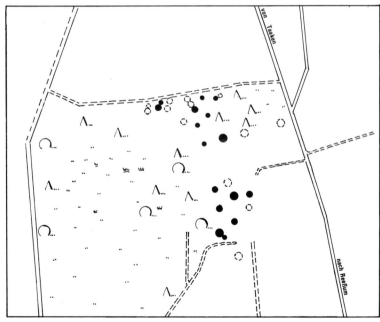

Abb. 109 Lageplan der Grabhügel am Schlippenmoor zwischen Reeßum und Taaken; ● vorhandene Grabhügel, ○ zerstörte Grabhügel

Rotenburg überall beobachten, daß Gruppen mittelgroßer und kleinerer Grabhügel in Haufenlage dicht am Rande von Niederungsmooren liegen. Soweit Funde aus den Gräbern bekannt sind, handelt es sich um Grabbeigaben der mittleren und jüngeren Bronzezeit. An vielen dieser Plätze, so auch hier am Schlippenmoor, fand man Urnengräber der jüngeren Bronzezeit und frühen Eisenzeit im Anschluß an die Grabhügel. Im Gegensatz dazu liegen Hügel der älteren Bronzezeit, insbesondere wenn sie an Gräber der Einzelgrabkultur anschließen, weiter vom Wasser entfernt bevorzugt in Reihen und langgestreckten Gruppen auf Höhenrücken und Bodenerhebungen. Funde aus den Grabhügeln von Reeßum und Taaken liegen bisher nicht vor. Mehrfach sind jedoch Urnengräber zwischen den Hügeln und in der Nachbarschaft des Grabhügelfeldes entdeckt worden.

Scheeßel

Der Marktflecken Scheeßel ist einer der ältesten Kirchorte, wenn auch die Anfänge des Dorfes im Dunkel der historischen Überlieferung liegen. Besonders Lokalforscher aus dem hiesigen Raum haben immer wieder die Frage aufgeworfen, ob der im Diedenhofener Capitular Karls des Großen aus dem Jahre 805 genannte Ort Schezla mit Scheeßel identisch sein kann. Schezla gehörte zu den Hauptmärkten, von denen der fränkische Handel in die slawischen Länder ausging. Alle anderen in dem Capitular genannten Orte liegen unweit der Grenze zu den Slawen. Deshalb ist es wahrscheinlich, wenn auch nicht zwingend, daß Schezla in Elbnähe zwischen Bardowick und Magdeburg zu suchen ist.
Scheeßel gehört zu den ältesten kirchlichen Mittelpunkten (Archidiakonat). Sieht man sich das mittelalterliche Wegenetz an, fällt auf, daß Scheeßel im Kreuzungsbereich mehrerer Fernverkehrsverbindungen liegt. Nach der Gründung der bischöflichen Residenz Rotenburg um 1200 wird Scheeßels Bedeutung zurückgegangen sein. Als Kirchspiel und Amtssitz blieb es allerdings immer regionaler Mittelpunkt.

Literatur:
H. Meyer, Geschichte des Kirchspiels Scheeßel. Einzelschriften des Stader Ge-
schichts- und Heimatvereins 6 (1955). – H. Miesner, Lag das alte Schezla im
wendischen oder sächsischen Gebiet? Nachrichten aus Nieders. Urgeschichte 11.
1937, S. 166ff. – F. Timme, Scheeßel an der Wümme und das Diedenhofener
Capitular vom Jahre 805. Zur Frage nach Lage und Aufgaben der karolingischen
Grenzkontrollorte von der Elbe bis zur Donau, Blätter für deutsche Landesge-
schichte 100, 1964, S. 122ff. – Ders., Grundzüge eines älteren Verkehrsnetzes in
dem Gebiete zwischen Aller/Weser und Elbe. Stader Jahrbuch 1964, S. 61ff.

Heimatmuseum und Meyerhof in Scheeßel

Bäuerliche Hofanlagen mit mehreren Nebengebäuden. Ausstel-
lungen bäuerlichen und handwerklichen Arbeits- und Hausgeräts;
Scheeßeler Trachten; Arbeitsfähige Blaudruckerei; Ständige Wech-
selausstellungen. Aus der umfangreichen vorgeschichtlichen Privatsammlung des Scheeßeler Uhrmachers Reinhold Wedel wird
eine Auswahl von Funden gezeigt, darunter auch der einzige altsteinzeitliche Faustkeil aus dem Landkreis (s. S. 26ff.).
Anmeldungen für Führungen an den Scheeßeler Heimatverein,
Vorsitzender Friedrich Behrens, Zevener Straße 8, 2723 Scheeßel,
Fernruf 04263-8581.

Grabhügel im Amtshofpark in Scheeßel

In der Südostecke des Amtshof-Parks, unmittelbar neben der Bremer Straße, ist zufällig ein einzelner großer Grabhügel erhalten. Er
liegt in einer Kette von ursprünglich zweifellos sehr viel mehr
Hügelgräbern, die sich einzeln und in kleinen Gruppen parallel zur
Wümme auf dem hohen Ufer oberhalb der Flußniederung zwischen Rotenburg und Scheeßel hinzogen. Funde sind aus den meisten Gräbern nicht bekannt. Die typische Einzellage auf den höchsten Erhebungen und entlang der Höhenwege deutet jedoch auf die
ältere Bronzezeit. Einige der Grabhügel werden bereits in der
Einzelgrabkultur angelegt worden sein wie ein Hügel dieser Reihe
in der Gemarkung Wohlsdorf 3,5 km weiter südlich (s. S. 57ff.).

208

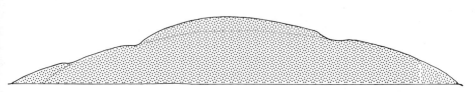

Abb. 110   Profil des vermutlich mehrperiodigen Grabhügels im Amtshofpark zu
Scheeßel. – M etwa 1:60

Im nördlichen Teil des Ortes Scheeßel befand sich am Helvesieker
Weg mindestens ein Megalithgrab. Bis vor wenigen Jahren war der Amtshofpark noch nicht öffentliche Anlage. Dieser günstige Umstand trug zur besonders guten Erhaltung des Grabhügels bei. Von außen zeigt der Hügel deutlich einen mehrschichtigen Aufbau (Abb. 110). Als älteste erkennbare Anlage sieht man einen Rundhügel von etwa 16 m Durchmesser und rund 1 m Höhe. Daran schließt sich nach Südwesten eine sichelförmige Erweiterung. Auf die Kuppe ist noch ein kleiner Hügel von 10 m Durchmesser und 0,5 m Höhe gesetzt. Bohrprofile aus dem Peilstangenbohrer zeigten einen Aufbau aus Plaggen. Spuren eines Steinkranzes um den oberen aufgesetzten Hügel waren erkennbar. Wir haben es offensichtlich mit einem mehrperiodigen Grabhügel zu tun. Über frühere Grabungen und Funde ist nichts bekannt. Möglicherweise liegt hier noch eines der heute sehr seltenen unbeschädigten Denkmale.

Hohlwege und Landwehr an Helvesieker Weg und Helvesieker Brücke

Zufahrt: Am nördlichen Ende der Straße »Helvesieker Weg« parken. Zu Fuß bis an die Wümmebrücke und dem schmalen Fußweg (Wanderweg) zwischen Campingplatz und Steilabfall zur Wümmeniederung folgen.

Gleich neben der Straße beginnt der Verlauf eines flachen, verwaschenen Erdwalls, der auf das erhöhte Ufer der Flußniederüng aufgesetzt ist. Der Wall blieb auf einer Länge von etwa 200 m erhalten. An zwei Stellen weist er etwa 15 m breite Unterbrechungen auf. Ursprünglich reichte der Wall mit 700 m Länge bis auf Höhe des jetzigen Freibades. Fast in der Mitte der Strecke springt das Ufer spornartig in die Wümmeniederung vor. Dieser Sporn wird vom Fluß in einer engen Schleife dicht umflossen. Angeblich hat sich auf diesem Sporn ein kleiner Ringwall befunden, der abgetragen sein soll. Möglicherweise handelte es sich aber um den Tordurchlaß zu einer Furt oder Brücke. Mit dem Wall haben wir zweifellos eine alte Wegesperre vor uns, die den Helvesieker Weg einengte, um den Verkehr zu kontrollieren und vielleicht auch Wegezoll zu erheben. Tief eingeschnittene Hohlwege zeigen hier noch den früheren Straßenverlauf an. Sie verlaufen genau auf den vermuteten Durchlaß zu. Die tiefen Fahrrinnen verliefen westlich der heute »Helvesieker Weg« genannten Straße genau auf den Ortsmittelpunkt zu. In einigen unbebauten Grundstücken sind heute noch tiefe Hohlwegabschnitte im Dünengelände erhalten. Um das Jahr 1955 hat W. D. Asmus noch 20 parallele Trassen erkennen können und weitere Spuren im Verlauf der heutigen Straße festgestellt. Es handelte sich offensichtlich um eine vielbefahrene Straße im Zuge des mittelalterlichen Fernverkehrsnetzes von Hamburg über Tostedt–Sittensen und weiter nach Bremen und Verden.

Literatur:
K. Kersten, Frühgeschichtliche Heerwege um Stade. Stader Archiv 30, 1940, S. 55 ff. – H. Meyer, Alte Wege um Scheeßel. Die Kunde N. F. 4, 1953, S. 44 ff. – F. Timme, Grundzüge eines alten Verkehrsnetzes in dem Gebiete zwischen Aller/Weser und Elbe. Stader Jahrbuch 1964, S. 61 ff.

Bötersen. Sandgrubenwand mit eiszeitlicher Schichtenfolge

Zufahrt: Die Grube liegt direkt an der W-Seite der B 71, etwa 7 km nordwestlich von Rotenburg (unweit von km-Stein 42).

Bei den Felduntersuchungen zur Erstellung des geologischen Kartenwerks entdeckte der Geologe Dr. H. Chr. Höfle in der Abbruchkante der Sandgrube eine besondere Schichtenfolge. Das

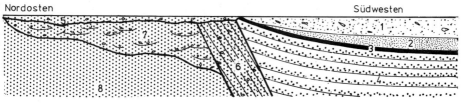

Profil der Nordwestwand

Nordosten   Südwesten

Abb. 111   Sandgrubenprofil in Bötersen (nach H. C. Höfle)

Profil läßt Ablagerungen aus verschiedenen Perioden der Eiszeiten erkennen (Abb. 111).

Man sieht ein in Sandablagerungen aus der Elster-Kaltzeit eingetieftes Tal, das mit Ablagerungen aus der Saale-Kaltzeit, der Eem-Warmzeit und Weichsel-Kaltzeit verfüllt ist. Unter weichselkaltzeitlichen Sand- und Schluffablagerungen liegt ein fossiler Boden (Podsol in Braunerde übergehend), der vermutlich in der Eem-Warmzeit entstanden ist.

An den östlichen und südlichen Grubenwänden erkennt man horizontal geschichtete Feinsande, wie sie in der späten Elster-Kaltzeit beim Abschmelzen der Gletscher in weiten Teilen des Landkreises abgelagert wurden.

Wegen der Seltenheit des Befundes veranlaßte die niedersächsische Landesanstalt für Bodenforschung den Landkreis zur Einstellung des Sandabbaus an dieser Seite der Grube. Die Nordwestwand der Sandgrube ist inzwischen als Naturdenkmal unter Schutz gestellt. Leider sind die Bodenschichten, bedingt durch Witterungseinflüsse, meist nicht gut zu erkennen. Deshalb soll ein Lackabzug voraussichtlich ab Herbst 1984 im Kreismuseum Bremervörde gezeigt werden.

Literatur:
H. Chr. Höfle, Geologische Wanderkarte Landkreis Rotenburg (1981).

Eine Kette bronzezeitlicher Grabhügel reihte sich auf dem erhöhten Südostufer der Wümme-Niederung von Rotenburg in Richtung Scheeßel. Man möchte daraus auf einen vorgeschichtlichen Verkehrsweg parallel zum Fluß schließen. Ein anderer Weg von Nordwesten in Richtung Schneverdingen muß bei Rotenburg die Wümme überquert haben. Die Fläche der heutigen Stadt im Mündungsgebiet der beiden Flüsse Rodau und Wiedau in die Wümme war als sumpfige Niederung siedlungsungünstig. Jedoch auf dem Luhner Felde am nördlichen Stadtrand reichen die südöstlichen Ausläufer der Lamstedter Endmoräne bis an die Wümme-Niederung. Hier

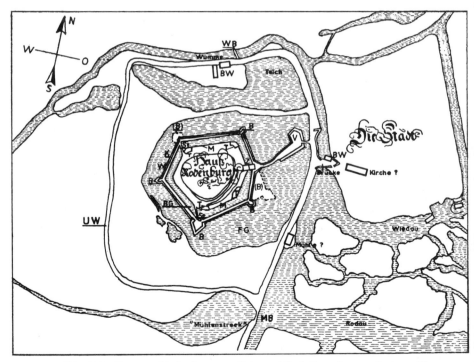

Abb. 112   Topographische Lage von Burg und Stadt Rotenburg nach einem Plan
von 1648 (nach E. Heyken)

finden wir ungewöhnlich zahlreiche vorgeschichtliche Gräber und Einzelfunde vom Neolithikum bis in das 6. oder 7. nachchristliche Jahrhundert. Bei Anlage des Rotenburger Fliegerhorstes wurde ein sächsisches Gräberfeld mit Urnen und Erdgräbern aus der Völkerwanderungszeit und spätsächsischen Zeit ohne ausreichende Untersuchung zerstört und überschüttet.

Zu Beginn des Mittelalters besteht die Ringwallburg »Edelmannsberg« nordöstlich jenseits des Flusses am Rande der Wümme-Niederung vor der späteren Stadt. Zusammen mit weiteren nicht untersuchten Ringwallen in Richtung Scheeßel deutet sie auf eine Befestigung des nordwestlichen Wümmeufers, das damals Grenze des Erzbistums Bremen war. Zwischen 1192 und 1197 errichtete der Bischof von Verden auf dem linken Ufer der Wümme eine Grenzbefestigung gegen das mit Heinrich dem Löwen verbündete Bremen. Die Bischofsburg befand sich unmittelbar westlich der jetzigen Burgstraße. Auf dem Gelände der restlos geschliffenen Anlage steht heute das Heimatmuseum. Vom Beginn des 13. Jahrhunderts an war die Rotenburg bischöfliche Residenz. Ihr allein verdankt die Stadt ihre Entstehung und Entfaltung. Nach dem Fall der Burg hätte der Flecken auf Dauer keine Lebensgrundlage besessen, wenn er nicht Amts- und Verwaltungssitz geblieben wäre (Abb. 112).

Literatur:
B. Haake, Rotenburger Datenbank (1979). – E. Heyken, Rotenburg. Kirche, Burg und Bürger. Rotenburger Schriften, Sonderband 7 (1966). – W. Junck, Die Geschichte des Kreises Rotenburg. Stader Archiv 39. 1949.

Rotenburger Heimatmuseum

Bäuerliche Hofanlage mit Nebengebäuden auf dem Gelände der ehemaligen Rotenburg. Das Museum besitzt z. Z. keine vorgeschichtliche Schausammlung. Die reichen Bestände, vor allem aus den Ausgrabungen des Heimatbundes durch R. Grenz und R. Dehnke, stehen jedoch Forschern nach Anmeldung zur Verfügung. In unregelmäßigen Abständen wird das Fundgut in Sonderausstellungen gezeigt.

Träger: Heimatbund Rotenburg (Wümme), Geschäftsstelle im Museum, Burgstraße 7, Fernruf 0 42 61-45 20.

Rillenstein am Parkplatz des Heimatmuseums in Rotenburg

An der Hauswand steht heute ein Rillenstein, der aus der Gemarkung Borchel, unweit Rotenburgs, hierher versetzt worden ist (Abb. 113). Der Granitstein besitzt eine Höhe von 125 cm und in Höhe der Rille eine Breite von 75 cm. Die größte Breite am Unterteil beträgt 93 cm. Die Unterseite des Steines ist annähernd flach, er hat somit eine eindeutige Standfläche. In 65 cm Höhe über der Standfläche ist nur auf der »Vorderseite« eine 6,5 cm breite und 3 bis 4 cm tiefe Rille eingearbeitet. Auf der unregelmäßiger geformten Rückseite verlaufen in gleicher Höhe – wie auf der Vorderseite die breite Rille – drei schwach eingeritzte parallele Linien, die zusammen ein etwa 10 cm breites Band auf 30 cm Länge bilden.

Der Fundplatz beim Borchelhof liegt auf dem höchsten Punkt einer Moränenkuppe von 400 m Ausdehnung in nord-südlicher und 900 m in ost-westlicher Richtung. Das Gelände um den Borchelhof hebt sich mehr als 5 m aus dem umgebenden großen Moor heraus. Beim Ausgraben des Rillensteins sind dem Grundeigentümer zahlreiche kleinere Steine aufgefallen. R. Dehnke fand in der nächsten Umgebung eine Anzahl Feuersteinabschläge und -klingen. In weiterer Entfernung kamen auf derselben Moorinsel noch mehrere vorgeschichtliche Funde zutage, die uns von der Anwesenheit des Menschen in der mittleren Steinzeit, ausgehenden Jungsteinzeit und Bronzezeit künden. Am äußersten südwestlichen Rand der Moränenkuppe liegt ein Grabhügel auf einer flachen Bodenerhebung, die vom Moor umwachsen ist. Neben dem Hügel befanden sich fünf bis sechs weitere Erdbuckel, die möglicherweise auch Gräber enthalten haben.

Rillensteine kommen mehrfach vor. Man mißt ihnen magische oder kultische Bedeutung bei. Für die aufrecht stehenden runden

214

Abb. 113   Rillenstein aus Borchel vor dem Heimatmuseum in Rotenburg (nach R. Dehnke)

Steine mit umlaufender oder halbumlaufender Rille hat man phallische Bedeutung im Rahmen einer vermutlich auf die jüngere Steinzeit zurückgehenden Fruchtbarkeitsmagie angenommen. Der Phallus als männliches Symbol hat in der Jungsteinzeit im europäischen Raum zweifellos eine Rolle gespielt. Phallische Darstellungen auf den Felsbildern der Bronzezeit und Eisenzeit Skandinaviens bis zu Phallusamuletten der Römer und entsprechenden Plastiken als Votivgaben in mittelalterlichen Kirchen bezeugen das Weiterleben zumindest in der Fruchtbarkeitsmagie über viele Kulturepochen hinweg.

W. D. Asmus konnte in Melzingen, Krs. Uelzen, einen Rillenstein, der unserem Borcheler Fund in der Form sehr ähnlich sieht, noch an Ort und Stelle untersuchen. Der Melzinger Stein stand auf einer Rollsteinpackung, die auch den Stein noch umgab. In die Steinschicht eingestreut fanden sich zahlreiche urgeschichtliche Tonscherben, Flintabschläge, Pfeilspitzen, Schaber, ein Feuersteinbeil, eine Streitaxt der Einzelgrabkultur und ein bronzenes Absatzbeil. In der nächsten Umgebung gibt es keine Siedlungsspuren, mit denen die Funde in Verbindung stehen könnten. Der Stein stand jedoch im Bereich eines Grabhügelfeldes. Die Gegenstände stammen aus der Einzelgrabkultur und älteren Bronzezeit, was eine ältere Errichtung und Bedeutung des Rillensteins nicht ausschließen muß. Beim Borcheler Fundplatz mögen die vom Landeigentümer beobachteten »kleineren Steine« auf eine ähnliche Pflasterung deuten, wie sie auch beim Tarmstedter Rillenstein (s. S. 199) vorhanden war.

Literatur:
Ungedruckter Fundbericht von R. Dehnke im Archiv des Heimatbundes Rotenburg. – W. D. Asmus, Untersuchung des stein-bronzezeitlichen »Opfersteins« von Melzingen, Krs. Uelzen. Germania 36. 1958 S. 179 ff. – W. Wegewitz, Der Rillenstein vom Forsthaus Hollenbeck, Krs. Stade. Stader Jahrbuch 1982. – Ders., Rillen- und Rinnensteine: Wenig beachtete Denkmäler der Vorzeit. Archäol. Korrespondenzblatt 13. 1983, S. 355 ff.

Schalenstein aus Reeßum beim Heimatmuseum Rotenburg

Vor dem Nebengebäude des Heimatmuseums am Parkplatz liegt neben dem Rillenstein auch ein kleiner Schalenstein.

Aus einem früheisenzeitlichen Urnenfriedhof nördlich des Dorfes Reeßum stammt ein Schalenstein mit mindestens 35 überwiegend sehr tief ausgearbeiteten »Schälchen« (Abb. 114). Für diese runden, muldenförmig ausgearbeiteten Vertiefungen gibt es keine praktische Erklärung. Man hat sie schon immer mit einem Kult der Bronzezeit oder frühen Eisenzeit in Verbindung bringen wollen, weil sie auch in großer Zahl auf den skandinavischen Felsbildern der Bronze- und Eisenzeit vorkommen.

Abb. 114   Schalenstein vor dem Heimatmuseum Rotenburg

Schälchen oder Näpfchen finden sich auf Findlingen unterschied-
lichster Größe ebenso wie auf den skandinavischen Felsbildern
weder auf waagerechten noch an senkrechten Flächen. Sie bedek-
ken fast ausschließlich nach Osten oder Südosten geneigte Seiten
der Steine. Vielfach sind auch auf Decksteinen der Großsteingräber
nachträglich Schälchen angebracht worden. Auch hier befinden sie
sich auf den schräg abfallenden Flächen der Ost- und Südostseiten.
Die Deutung der Vertiefungen fällt schwer. Man hat sie wie die
Rillensteine mit dem mittelalterlichen Brauch in Verbindung bringen wollen, nach dem Steinpulver zu magischen Heilzwecken
ausgeschabt wurde. Überwiegend glaubt man, daß Speise- oder
Trankopfer für Götter oder andere Wesen in die Schälchen getan
wurden. Flüssigkeiten können dabei nicht in Frage kommen, weil
es sich um schräge Flächen handelt. Aus Schweden wird ein Volks-
brauch berichtet, nachdem man noch in der Neuzeit Butter und

217

Honig für die Elfen in die Näpfchen gestrichen hat. Auf Gruftsteinen neben einer Kirche in Dithmarschen sind nach dem 17. Jahrhundert noch Näpfchen ausgeschabt worden. Es handelt sich vielleicht um einen Brauch, der von der Bronzezeit bis in die Neuzeit gelebt hat.

Literatur:
J. Hoika, Opfer für die Elfen. Schalensteine in Schleswig-Holstein. Kölner Römer-Illustrierte 2 (1975), S. 65. – H. Schirnig, Schalensteine im Bereich des Elbe-Seitenkanals im Krs. Uelzen. In: Archäologische Arbeiten im Bereich des Elbe-Seitenkanals. Materialhefte zur Ur- und Frühgeschichte Niedersachsens 3 (1971), S. 27 ff.

Institut für Heimatforschung in Rotenburg

Dem besonderen Einsatz des Heimatbundes Rotenburg und seines langjährigen Vorsitzenden Oberkreisdirektor Helmut Janßen verdanken Stadt und Landkreis eine einmalige Einrichtung, die vom Heimatbund getragen wird, das Institut für Heimatforschung. Es beherbergt eine Außenstelle des Seminars für Volkskunde der Universität Göttingen, das Kreisarchiv, eine beachtliche Bibliothek mit Zeitschriften und Monographien zur Urgeschichte, Heimat-, Volks- und Landeskunde. Vorhanden sind Kopien der Dorf- und Schulchroniken des Altkreises Rotenburg. Zahlreiche Filme, Diapositivserien und Bilder dokumentieren das einheimische Handwerk, bäuerliche Tagewerk, Brauchtum und Gerät. Ferner unterhält der Heimatbund hier ein entsprechendes Archiv für den Patenkreis Angerburg/Ostpreußen. Im Institut finden Vorträge und Tagungen statt sowie Feldforschungsseminare des volkskundlichen Seminars der Universität Göttingen. Einzelbenutzer des Instituts arbeiten hier an heimatgeschichtlichen Themen, Dissertationen, genealogischen Arbeiten und Chroniken (Abb. 115).

Literatur:
G. Petschel, Heimatforschung – Kulturpflege. Festschrift zum 25jährigen Bestehen des Heimatbundes Rotenburg/Wümme. Rotenburger Schriften Sonderband 25 (1978) S. 51 ff.

Abb. 115   Institut für Heimatforschung – Teil der Bibliothek

Grabhügel zwischen Rotenburg und Hemsbünde

Die Bundesstraße nach Hemsbünde verläuft auf einem leichten
Höhenrücken nördlich der Wicdau-Niederung. Man darf vermuten, daß hier ebenfalls eine langgestreckte Reihe von Grabhügeln
der älteren Bronzezeit vorhanden war. Wenige davon sind noch
erhalten. Ein Hügel von 12 m Durchmesser und 2 m Höhe liegt auf
dem Stadtfriedhof an der Soltauer Straße. Ein zweiter Hügel befindet sich neben km-Stein 2,5 gut 100 m nordöstlich der Straße. Er
liegt von Eichbäumen umgeben inmitten einer großen Ackerflä-
che. Weiter in Richtung Hemsbünde lagen noch zwölf weitere
Grabhügel beiderseits der Straße, die überwiegend zerstört sind. In
Höhe von km-Stein 4,0 auf einem Nebenweg 60 m von der Straße
stehen drei große Findlinge, die nach Form und Größe sicherlich
von einem zerstörten Großsteingrab stammen, das sich in der Nähe
im Ackerland befunden haben muß.

Brockel. Mittelalterliche Wegetrassen

Zufahrt: B 71 von Rotenburg Richtung Soltau, 3 km nach Brockel bei km-Stein 11,3 halten. Der Waldweg rechter Hand der Straße schneidet die historischen Wege.

Das gesamte Mittelalter hindurch bis in die Neuzeit, als mit der Pflasterung der Fernstraßen begonnen wurde, waren unsere Landstraßen keine eingeengten Fahrbahnen, sondern breite Wegetrassen mit mehreren parallelen Fahrspuren. Die Fahrrinnen waren auf unseren norddeutschen Sandböden sehr schnell tief eingegraben. Wind und Wasser halfen mit, daß ausgefahrene Wege bald unpassierbar wurden. So wichen die Fuhrwerke auf parallele Bahnen aus, und vielfach verliefen viele Fahrrinnen nebeneinander. Neben der Bundesstraße 71 zwischen Brockel und Hemslingen finden wir in einem noch nicht mit modernen Maschinen bearbeiteten Wald die alten Wegespuren südlich der Straße besonders eindrucksvoll erhalten. Auf 200 m Breite verlaufen noch mindestens 20 deutlich erkennbare Fahrrinnen, einige sind – vermutlich durch Auswehung – bis zu 1,5 m eingetieft. Reste der Wegespuren nördlich der heutigen Straße und ihre Abzeichnung im Luftfoto zeigen uns die ursprüngliche Gesamtbreite bis zu 260 m. Zum Trochelbach hin laufen die Spuren im Bereich der ehemaligen Furt zusammen. Außerdem erzwang ein parallel zum Bach und quer zur Straße verlaufender Erdwall offensichtlich die Einengung der Straßentrasse (Abb. 116).

Hier verlief im Zuge der heutigen Bundesstraße bereits im Mittelalter ein Fernverkehrsweg, von Soltau oder Schneverdingen kommend, der von Brockel mit einem Zweig in Richtung Rotenburg und einem weiteren Richtung Scheeßel weiterführte. Zeitweilig mag die Salzstraße von Lüneburg nach Bremen diese Strecke genommen haben.

Literatur:
H. Meyer, Führte der alte Salzweg Lüneburg–Bremen über Hemslingen? Rotenburger Schriften 4, 1956 S. 37 ff. – F. Timme, Grundzüge eines älteren Verkehrsnetzes in dem Gebiete zwischen Aller/Weser und Elbe. Stader Jahrbuch 1964 S. 61 ff.

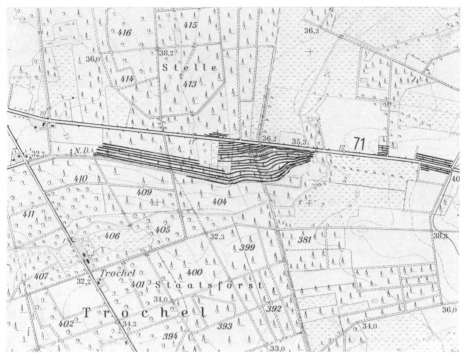

Abb. 116   Historische Wegetrassen bei Brockel. – M = 1 : 25 000

Kirchwalsede. Früheisenzeitlicher Grab- oder Kulthügel

Zufahrt: Von Ortsmitte die Wittorfer Straße 1200 m in Richtung Wittorf, abzwei-
gen in Richtung Odeweg, nach 400 m Feldweg halb rechts einbiegen, Fahrzeug in
der Einbiegung parken. Dem Feldweg zu Fuß 240 m nach WSW folgen, dann
zwischen Acker und Weide Fußpfad 250 m nach S.

Der ursprünglich am Nordrand des Hampbergmoores gelegene
Hügel war bis zur Neuzeit völlig vom Moor überwachsen. Er
wurde bei der archäologischen Landesaufnahme entdeckt, nach-
dem beim mehrmaligen Auflockern der Torfoberfläche mit der
Egge Sand und Steine zum Vorschein gekommen waren. Die
Ausgrabung durch R. Dehnke im Jahre 1963 zeigte einen flachen

221

Hügel von 8 m innerem Durchmesser. Um den Hügel verlief ein Steinkranz in Form einer Feldsteinmauer. Über einer unteren Lage von großen, meist flachen Feldsteinen mit 40 bis 50 cm Breite lagen eine Schicht kopfgroßer Steine und darüber kleinere Steine. Weitere Feldsteine und Sandboden rings um den Steinring waren offensichtlich bereits vom Hügelrand gerutscht, bevor das Moor die Anlage überwuchs. Innerhalb des Hügels fanden sich nur wenige Steine in Oberflächennähe, davon einige auch scheinbar gruppiert. Sie lagen allerdings weitgehend im Nordwestteil des Hügels, wo die Steinmauer am stärksten gestört war.

Die leicht nach innen geneigte Steinmauer umschloß einen Erdhügel. Dieser bestand oben aus hellem und dunklem Sand gemischt und ging nach unten in dunklen humosen Sand über. Die alte Humusdecke vor Errichtung des Grabhügels ließ sich als dunkle, dünne Bodenschicht noch unter Hügel und Steinkranz erkennen. Eine Grabanlage war nicht festzustellen. Ungefähr in der Mitte unter der Hügelkuppe fand sich eine kleine Holzkohleansammlung ohne Spuren von Leichenbrand. Die halbkreisförmige Gruppierung von vier Steinen weit oberhalb der Brandreste kann kaum einen Bezug darauf haben. Am Nordrand zeigte sich direkt an der Innenseite der Steinmauer schräg zwischen die Steine gesetzt ein kleines einhenkeliges Tongefäß (Abb. 117). Der 18 cm hohe Topf

Abb. 117   Tongefäß aus dem früheisenzeitlichen Hügel von Kirchwalsede (nach R. Dehnke)

war lediglich mit Sand gefüllt. Er stammt vermutlich aus der frühen Eisenzeit Norddeutschlands. Die Grundform des Gefäßes findet Entsprechungen in der Stufe von Wessenstedt, allerdings gilt der hohe Gefäßunterteil nicht als typisch für diese Stufe. Im Urnenfriedhof von Bötersen bei Rotenburg, der sowohl spätbronzezeitliche als auch früheisenzeitliche Gräber enthält, sind einhenkelige Gefäße derselben Form mehrfach vertreten. Keines ist allerdings durch Beigaben näher datiert.

Da keine Bestattung nachweisbar war und der Hügel im Vergleich zu anderen Grabhügeln verhältnismäßig flach gewölbt gewesen sein muß, hat R. Dehnke eine kultische Funktion erwogen. Grabhügel dieser Zeitperiode liegen in Nordwestdeutschland vielfach unmittelbar am Rande von Niederungsmooren, die zur Zeit der Errichtung der Hügel noch ganz oder teilweise Gewässer gewesen

Abb. 118 Rekonstruktionszeichnung des Hügels bei Kirchwalsede (nach R. Dehnke)

sein können. Man darf daher nicht ganz ausschließen, daß wir es hier mit einem Grabhügel zu tun haben, in dem die Moorsäure sämtliche organischen Reste aufgelöst hat. Gräber der jüngeren Bronzezeit und Eisenzeit liegen allerdings nie allein, sondern immer in Gruppen. Hinweise auf weitere Gräber fehlen hier jedoch bisher restlos. Dehnke weist vor allem darauf hin, daß trotz gewisser verwandter Merkmale zu den Steinabdeckungen über Grabhügeln der Wessenstedt- und Jastorf-Stufe die mauerartige Steinumfassung eine Sonderstellung einnimmt. Der Hügel ist wiederaufgeschüttet und die Steinmauer wieder aufgeschichtet worden (Abb. 118).

Literatur:
R. Dehnke, Ein früheisenzeitlicher Kulthügel am Weißen Moor in der Gemarkung Kirchwalsede, Krs. Rotenburg. In: R. Dehnke (Hrsg.), Neue Funde und Ausgrabungen im Raum Rotenburg 1 = Rotenburger Schriften, Sonderband 15 (1970) S. 98 ff.

Süderwalsede – Rahnhorst. Historischer Grenzwall

Zufahrt: Auf der Landstraße von Süderwalsede in Richtung Kreepen – Kirchlinteln bis Rahnhorst fahren, die letzte Straße links in den Ort einbiegen, dann den ersten Weg rechts in die Feldmark nehmen. Nach 150 m liegt der mit Laubbäumen bestandene Wall rechter Hand im Ackerland.

Es handelt sich um einen niedrigen, verwaschenen Wall mit einem nordöstlich vorgelagerten Graben. Der mit Bäumen bewachsene Erdwall markiert noch auf 250 m Länge die heutige Landkreisgrenze ebenso wie die historische Landesgrenze.

In der Verdener Bischofschronik von Cyriakus Spangenberg lesen wir, daß unter dem Bischof Eberhard im Jahre 1576 begonnen wurde, die Landesgrenze zu markieren. Aus dieser Zeit könnte auch der Grenzwall stammen, der bis in unser Jahrhundert noch an vielen Stellen zwischen dem ehemaligen Bistum Verden und dem Herzogtum Lüneburg vorhanden war.

Literatur:
Chronicon oder Lebensbeschreibung und Thaten aller Bischöffe des Stiffts Verden. Hrsg. von Cyriakus Spangenberg, Hamburg o. J.

Hellwege. Frühgeschichtlicher Ringwall

Zufahrt: Von der Straße Hellwege–Ahausen unweit des km-Stein 19,7 den Feldweg Richtung Haberloh einbiegen. Nach 1500 m ist die Anlage rechts in 200 m Entfernung zu sehen.

In der Niederung südöstlich des Dorfes Hellwege und 2 km südlich der Wümme liegt ein weitgehend verpflügter Ringwall, der mit

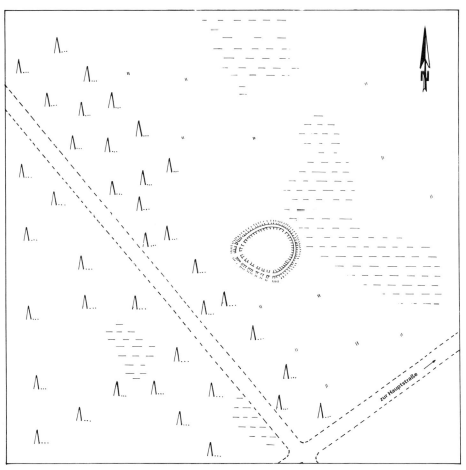

Abb. 119   Lageplan des Ringwalls bei Hellwege. – M = 1:5000

225

dem Hauptteil seiner Fläche heute im Weideland noch gut zu erkennen ist. Der Höhenunterschied zwischen Wall und Graben beträgt stellenweise noch 1 m. Die ursprünglichen Maße von Wall und Graben sind bisher nicht ermittelt. Der Gesamtdurchmesser der annähernd runden Anlage beträgt 75 bis 85 m (Abb. 119). Sowohl aufgrund seiner Größe und Gestalt wie auch nach der Lage in der Niederung unweit der von Sottrum über den Fährhof Richtung Verden führenden mittelalterlichen Straßentrasse möchte man einen der Ringwälle aus dem 9. bis 11. Jahrhundert annehmen. Indessen liegen bisher weder Grabungen noch Bodenfunde vor, noch sind historische Quellen zu einer Burg bekannt.

Grabhügel auf der Gilkenheide
in den Gemarkungen Drögenbostel, Hiddingen und Schwitschen

Zufahrt: Von Hiddingen die Straße nach S Richtung Riepholm. Kurz nach km-Stein 2,9 links in den Wald einbiegen, dann die Grabhügel nach nebenstehendem Lageplan aufsuchen.

Beiderseits der Landkreisgrenze zwischen den Kirchspielen Neuenkirchen und Visselhövede befanden sich im Mittelalter zwei große Einzelhofstellen, einstellige Höfe, wie man sie hier nennt. Beide Höfe wurden vor 400 Jahren wüst. Vom Gilkenhof bekam die Heidefläche ihren Namen. Sie wurde Ende des letzten Jahrhunderts an Bauern der umliegenden Dörfer verkauft und teils in Ackerland, überwiegend in Wald umgewandelt. Der extensiven Bewirtschaftung verdanken wir die Bewahrung mehrerer Grabhügelfelder, von denen erst in den letzten Jahrzehnten eine Anzahl Hügel verschwand. An die in Abbildung 120 dargestellten Hügelgräbergruppen schließen und schlossen eine große Zahl weiterer Hügelfriedhöfe in jeweils geringen Abständen nach Norden und Osten an. Das Kartenbild zeigt in dem waldreichen Gebiet zwischen der Gilkenheide und Neuenkirchen eine fast gleichmäßige Verteilung urgeschichtlicher Grabhügelgruppen und Einzelhügel. Sie liegen überwiegend in Reihen und scheinen ein regelrechtes Wegenetz anzudeuten.

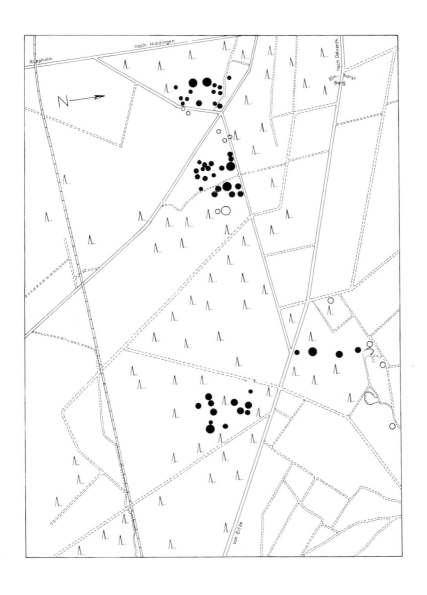

Abb. 120   Grabhügelgruppen auf der Gilkenheide. – M = 1:20000; ● vorhandene
Grabhügel, ○ zerstörte Grabhügel

Fundgut aus den Grabhügeln ist kaum bekannt. Lediglich zwei Gräber sind systematisch ausgegraben worden. Nördlich der Gilkenheide untersuchte G. Jacob-Friesen auf dem Höllenberg einen Hügel von 8 m Durchmesser. Er enthielt einen umlaufenden Steinkranz und darin drei Steinpackungen von Baumsärgen, die durch Feuereinwirkung in verkohlten Resten noch erkennbar waren. Außerdem lag innerhalb des Hügels in gleicher Höhe mit dem östlich-

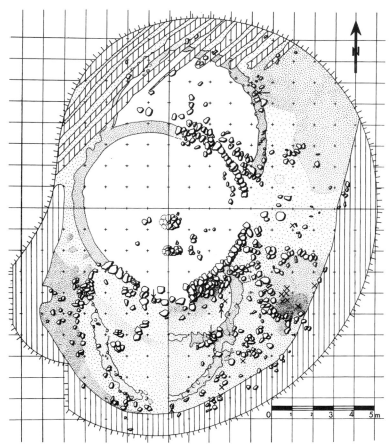

Abb. 121   Ausgrabungsplan eines Grabhügels auf der Gilkenheide bei Schwitschen (nach R. Dehnke)

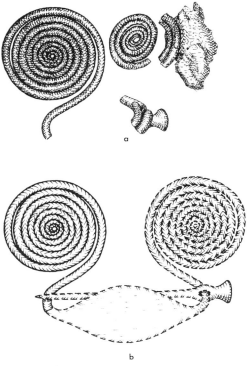

Abb. 122   Bronzene Haarknotenfibel aus dem Hügel von Schwitschen; a gefundene
Teile, b Rekonstruktion. – M = 2:3 (nach R. Dehnke)

sten Baumsarg eine Feuerstelle. Funde enthielten die Gräber nicht.
Doch wird es sich nach vergleichbaren Befunden um ein bronzezeitliches Zentralgrab und zwei Nachbestattungen handeln.
R. Dehnke grub einen der im Plan (Abb. 120) dargestellten Hügel
bei Schwitschen aus. Dabei zeigten sich im Inneren des 20 m breiten
und 1,2 m hohen Erdmonuments ein kleiner Rundhügel mit umlau-
fendem Steinkranz sowie nach Norden und Süden insgesamt drei
halbkreisförmige Erweiterungen des Hügels, ebenso mit Steinum-
randung (Abb. 121). Am östlichen Rand ließ sich ein kleiner runder
Nebenhügel erkennen, der nur 2,7 m Durchmesser besaß und
Brandspuren enthielt. Die nördliche Erweiterung war mit weißem

Sand gefüllt, ein Brauch, der vielfach beobachtet worden ist. Alle Teile waren schließlich von einem Erdhügel überdeckt. Erweiterungen dieser Art kommen in bronzezeitlichen Grabhügeln der Lüneburger Heide mehrfach vor. Sie enthielten in der Regel Nachbestattungen. Hier ließen sich keinerlei Spuren von Nachbestattungen erkennen. Daher glaubte R. Dehnke, auch wegen der gleichmäßigen Höhenlage aller Steinringe und -halbkreise, daß die Anlage in einem Zuge errichtet worden ist und die Anbauten kultisch-symbolische Bedeutung hatten. Im mittleren Steinring befand sich in der Mitte eine Steinsetzung (Abb. 121 a) mit einer Brandbestattung und vom Feuer beschädigte Teile einer Haarknotenfibel vom Lüneburger Typ (Abb. 122). Eine zweite Steinsetzung (Abb. 121 b) enthielt nur wenige Stückchen Leichenbrand ohne Beigaben. Die Lüneburger Fibel datiert die Hauptbestattung in den Übergang von Periode II zu Periode III der Bronzezeit.

Literatur:
R. Dehnke, Bronzezeitlicher Grabhügel in der Gilkenheide bei Schwitschen. In: R. Dehnke, Neue Funde und Ausgrabungen im Raum Rotenburg. Rotenburger Schriften Sonderheft 15 (1970), S. 81 ff. – G. Jacob-Friesen, Beiträge zum Bestattungsritus der älteren Bronzezeit. Ergebnisse einer Hügel-Grabung bei Drögenbostel. Krs. Rotenburg. Rotenburger Schriften 6, 1957, S. 1 ff. – H. Müller-Brauel, Weißer Sand in Gräbern. Aus der Vorzeit in Rheinland, Lippe und Westfalen 3, 1936, Heft 5, S. 65 ff. – W. D. Tempel, Die urgeschichtliche Besiedlung des Neuenkirchener Raums. In: Neuenkirchen 1283–1983. Beiträge zur älteren Geschichte eines Kirchspiels im ehemaligen Stift und Herzogtum Verden (1983) S. 9 ff.

Mittelalterliche Landwehr zwischen Visselhövede und Kettenburg

Zufahrt: Ausfallstraße Richtung Walsrode, unmittelbar nach der Bahnunterführung rechts in die Schützenstraße, dann den ersten Weg nach links einbiegen. Der Fortsetzung dieser Straße (Feldweg) folgen. Nach 300 m liegt rechts parallel zum Weg ein breiter, tiefer Graben genau an der Stelle der hier abgetragenen Landwehr. Nach weiteren 75 m beginnt der Wall, der auf gut 100 m Länge noch weitgehend erhalten ist.

Vom Ortsrand Visselhövede erstreckte sich früher die Landwehr in südsüdwestlicher Richtung auf das Gut Kettenburg zu. Der Wall

Abb. 123   Landwehrwall südlich Visselhövede

endete an der Lehrde-Niederung nördlich des Gutes Kettenburg und stieß dort auf die Grenze zwischen den mittelalterlichen Landesherrschaften Lüneburg und Verden. Landwehrwall und -graben bildeten eine Wegesperre, die allen Fuhrwerksverkehr in Ost-West-Richtung zwischen Stellichte und Visselhövede unterband. Sämtliche Fuhrwerke waren dadurch gezwungen, den Weg durch den Flecken Visselhövede zu nehmen. Visselhövede erhielt im Jahre 1450 vom Bischof zu Verden das Weichbildrecht. Damit bekam der Flecken auch feste Grenzen, innerhalb derer das Recht galt. Keineswegs hat sich die Hoheit des kleinen Ortes bis nach Kettenburg erstreckt. So wird die Landwehr eher als landesherrschaftliche Maßnahme zur Kontrolle und Regelung des Fernverkehrs anzusehen sein.

Der bis heute erhaltene Teil des Walles ist durch Sandentnahmen und Mietengruben stark in Mitleidenschaft gezogen. Er besitzt noch eine Höhe bis zu 2 m und durchweg eine Breite von 10 bis 12 m. Auf der Westseite sind noch Reste des vorgelagerten Grabens zu erkennen (Abb. 123).

Literatur:
D. Brosius, Die Grundherrschaft in der Vogtei Visselhövede im späten Mittelalter. Rotenburger Schriften 56, 1981, S. 7 ff. und 57, 1982, S. 25 ff. – W. Fitschen, Die Geschichte Visselhövedes bis zur Fleckenwerdung im Jahre 1450. Rotenburger Schriften 22, 1965, S. 26 ff.

Kettenburg. Historischer Grenzstein von 1576

Historischer Grenzstein von 1576 auf dem Hofe von Gut Kettenburg. Nach der Spangenberg'schen Chronik (Chronicon Verdense) von Cyriakus Spangenberg wurde die Grenze zwischen dem Bistum Verden und dem Fürstentum Braunschweig-Lüneburg im Jahre 1576 durch Grenzsteine markiert.

Mehrere Grenzsteine dieser Art hatten die Zeiten überlebt und berichteten dem Wanderer aus der Geschichte unserer Landschaft. Als sich fanatische Altertumssammler an den steinernen Denkmälern vergriffen, mußte der Landkreis Verden die letzten Steine in

Abb. 124   Grenzstein von 1576 auf Gut Kettenburg

das Heimatmuseum bringen. Im Kreis Rotenburg blieben noch drei Steine erhalten, davon zwei in der Gemarkung Kettenburg. Sie stehen ebenfalls nicht mehr auf der ehemaligen Grenze. Einer der Steine wurde auf den Hof des Gutes Kettenburg versetzt. Er ist aus Sandstein geschlagen und trägt auf der einen Seite den Braunschweiger Löwen aus dem Wappen des Fürstentums Lüneburg und auf der anderen Seite das Nagelkreuz aus dem Wappen des Bistums Verden (Abb. 124).

Literatur:
Chronicon oder Lebens-Beschreibung und Thaten aller Bischöffe des Stiffts Verden. Hrsg. angeblich von Cyriakus Spangenberg, Hamburg (o.J.), S. 227.

Vorgeschichtliche Funde in Museen außerhalb des Landkreises

Die Museen des Kreises Rotenburg sind in diesem Band unter den Orten *Bremervörde, Rotenburg, Scheeßel, Sittensen, Tarmstedt* und *Zeven* beschrieben. Darüber hinaus besitzen verschiedene andere Museen Bodenfunde aus unserem Raum, darunter z. T. recht bedeutende ältere Sammlungen. Nur die wichtigsten seien hier kurz genannt.

Viele Funde, vor allem aus amtlichen Ausgrabungen, besitzt das Niedersächsische Landesmuseum in *Hannover.*

Aus der Zeit von 1926 bis 1945 gelangte das Fundgut aus dem alten Landkreis Rotenburg meist in das Heimatmuseum *Verden.* Zu erwähnen sind insbesondere die umfangreichen Grabinventare der bronzezeitlichen und sächsischen Gräberfelder, die bei Anlage des Fliegerhorstes Rotenburg-Luhne zutage kamen.

Aus allen Teilen des Landkreises kamen Funde an das Museum *Stade.* Denn der Stader Geschichts- und Heimatverein erstreckte seine Arbeiten ursprünglich über das gesamte Gebiet der ehemaligen Herzogtümer Bremen und Verden.

Auf die gleiche Weise erhielt der Heimatbund der Männer vom Morgenstern manches Stück in das Morgenstern-Museum *Bremerhaven.* Durch Verkauf gelangte die große Sammlung Müller-Brauels 1927 in das Morgenstern-Museum, wo sie mit sämtlichen Aufzeichnungen und Unterlagen nahezu vollständig den Bränden des Zweiten Weltkriegs zum Opfer fiel.

Hans Müller-Brauel betreute seit 1928 das Väterkunde-Museum des Mäzens Roselius in der Böttcherstraße zu Bremen. Zu dieser Zeit gab er selbst Gegenstände aus seinen Ausgrabungen an die Böttcherstraße, kaufte aber auch Einzelfunde und ganze Sammlungen für das Bremer Museum auf. Sie sind überwiegend bis heute im jetzigen Ludwig-Roselius-Museum in *Worpswede* vorhanden.

Durch Ankauf und Spenden gelangten natürlich auch Gegenstände aus dem Kreis Rotenburg an das Focke-Museum der benachbarten Großstadt *Bremen.* Vor allem Funde, die bei staatlichen Baumaßnahmen zutage kamen, erhielt nach preußischem Recht das staatliche Museum für Vor- und Frühgeschichte in *Berlin.*

Gesetzliche Bestimmungen

Denkmalschutz Nach dem Niedersächsischen Denkmalschutzgesetz sind sämtliche Objekte von geschichtlicher, kultureller, künstlerischer und städtebaulicher Bedeutung grundsätzlich Kulturdenkmale. Das Gesetz unterscheidet Baudenkmale (historische Bauten, Burgwälle, Landwehren, Stein- und Hügelgräber), Bodendenkmale (im Boden oder im Wasser verborgene Hinterlassenschaften und Spuren, die Aufschluß über die Geschichte des Menschen geben können) und bewegliche Denkmale (Bodenfunde, Antiquitäten, Gemälde, Urkunden, Sammlungen, Archive). Den Schutzbestimmungen unterstehen alle Bau- und Bodendenkmale auch ohne Eintragung in das Denkmalverzeichnis, die beweglichen Denkmale nur nach Eintragung in das Niedersächsische Denkmalverzeichnis.

Ausgrabungen und Funde Alle Bodenfunde von kulturgeschichtlicher Bedeutung, auch Zufallsfunde am Straßenrand oder auf dem Acker, müssen sofort der zuständigen Denkmalschutzbehörde (hier: Kreisverwaltung in Rotenburg/W., Telefon 04261-751) angezeigt werden. Die Anzeigepflicht ist keine Abgabepflicht. Der Fund muß als wichtige Quelle für die Ur- und Frühgeschichtsforschung ausgewertet werden können. Die Eigentumsrechte besitzen je zur Hälfte der Grundeigentümer und der Finder. Werden Funde bei Bauarbeiten entdeckt, stehen die Eigentumsrechte dem Auftraggeber zu. Weil dieselben Fundgegenstände immer wieder nach neuen wissenschaftlichen Gesichtspunkten von Interesse sein können und sie in Privathand früher oder später, wenn die erste Begeisterung nachläßt, beschädigt werden oder verlorengehen, ist die Abgabe an ein öffentliches Museum oder die wissenschaftliche Sammlung des Landkreises immer dringend zu empfehlen. Der Finder erhält bei der Abgabe eine Fundprämie, die in jedem Falle mehr beträgt als der Ankaufspreis eines Antiquitätenhändlers. Das Bergen der Funde, die bei Erd- und Bauarbeiten zutage kommen, sowie weitere Untersuchungen darf nur der zuständige Ar-

Ortsregister

Führer zu archäologischen Denkmälern in Baden-Württemberg

In dieser Buchreihe werden große Denkmäler der südwestdeutschen Vorzeit vorgestellt. Die Führer geben ausführliche und verständliche Informationen für alle Interessierten über die in unsere Landschaft eingebetteten Ruinenstätten der Vergangenheit. Die Reihe wird ständig erweitert.

Band 1:
Die Heuneburg an der oberen Donau

Band 2:
Der Heidengraben bei Grabenstetten

Band 3:
Eiszeithöhlen im Lonetal

Band 4:
Lebendige Archäologie

Band 5:
Der Magdalenenberg bei Villingen

Band 6:
Eiszeitjäger im Blaubeurener Tal

Band 7:
Das römische Rottweil

Band 8:
Grinario – Das römische Kastell und Dorf in Köngen

Band 9:
Das Freilichtmuseum am rätischen Limes im Ostalbkreis

Führer zu archäologischen Denkmälern in Bayern

Franken Band 1:
Biriciana – Weißenburg zur Römerzeit

Niederbayern Band 1:
Das römische Grenzkastell Abusina-Eining

Schwaben Band 1:
Archäologische Wanderungen um Augsburg

Konrad Theiss Verlag